소년의 꿈

태종

이방원

소년의 꿈
태종 이방원

초판 1쇄 인쇄 | 2021년 12월 1일
초판 1쇄 발행 | 2021년 12월 5일

지은이 | 김경희
펴낸곳 | 자유로운상상
펴낸이 | 하광석
디자인 | 김현수(이로)

등 록 | 2002년 9월 11일(제 13-786호)
주 소 | 경기도 하남시 미사강변중앙로 204번길 11 1103호
전 화 | 02 392 1950 팩스 | 02 363 1950
이메일 | hks33@hanmail.net

ISBN 979-11-962285-5-2 (73810)

ⓒ 김경희, 2021

· 사전 동의 없는 무단 전재 및 복제를 금합니다.
· 잘못 만들어진 책은 바꾸어 드립니다.
· 책 값은 뒤표지에 있습니다.

꿈은 꾸는 것이 아니라 도전해서 이루는 것!

　　태종 이방원은 조선의 제1대 왕인 태조 이성계의 다섯 번째 아들이자, 한글을 창제한 세종대왕의 아버지이기도해요.
　　태종 이방원은 상반된 평가를 받는 인물이에요.
　　나라의 기틀을 다진 '지혜롭고 능력 있는 왕'이라는 긍정적인 평가와 배다른 형제와 고려의 충신인 정몽주와 정도전을 죽이고 왕위에 오른 '피도 눈물도 없는 철혈군주'라는 부정적 평가가 공존하고 있어요.
　　이 책은 이방원의 어린 시절부터, 아버지를 도와 새로운 나라 조선을 세우고 힘겹게 왕위에 오르기까지의 이야기를 담고 있어요. 그러나 이 책에 쓰인 이야기가 전부 역사적 사실이라고 말할 수는 없어요. 이방원의 어린 시절에 대한 기록이 많지 않기 때문에 어린 시절의 이야기는 대부분 작가의 상상에 의해 만들어졌거든요. 물론 나머지 이야기는 〈조선왕조실록〉이라는 조선의 역사를 기록한 역사서를 참고로 하여 글을 썼습니다.

그러면 이방원은 어떤 인물이었을까요? 이방원은 무슨 일이든 피하기보다 정면으로 맞서고 도전하는 인물이었어요.

이방원은 유일하게 과거시험에 급제한 조선의 왕이에요. 형들은 음서제를 통해 관직에 올랐지만, 이방원은 과거를 치러 당당하게 관직에 올랐어요. 고려시대는 문신을 우대하고 무신을 무시하던 사회 분위기가 있었어요. 아버지 이성계가 왜구를 물리쳐 전쟁영웅이 되었지만, 촌뜨기 무인 집안이라고 무시를 당했어요. 하지만 이방원이 과거에 급제하면서 집안에 대한 평가가 달라졌다고 해요.

태종 이방원은 18년 동안 왕위에 있으면서 다양한 제도를 만들어 조선의 기틀을 만들었어요. 또한 자발적으로 왕위를 아들에게 물려준 유일한 왕이에요. 세종대왕이 최고의 왕이 될 수 있었던 것도 어쩌면 태종 이방원이 나라의 기틀을 잘 잡아놓았기 때문일 거예요.

여러분은 어떤 꿈이 있나요?

스스로 왕위에 도전하여 왕이 된 태종 이방원처럼 운명과 맞서고 끝없이 도전하여 여러분의 멋진 꿈을 이뤄보지 않을래요?

반만년 역사 속에 꿈을 담는 이야기꾼

김경희

차례

머리말 꿈은 꾸는 것이 아니라 도전해서 이루는 것! 4

이방원과 관련된 〈역사 인물〉 돋보기 8

이방원의 가족 〈역사 인물〉 돋보기 12

프롤로그 흰 용을 타고 16

제1장 아버지를 닮고 싶어 하는 아들 24

제2장 첫 사냥 35

제3장 보이지 않는 것과의 싸움 44

제4장 다시 만난 금동이 58

제5장 뜻을 세우다 70

제6장 전쟁터의 두 얼굴, 공포와 희망 79

제7장 아버지가 꿈꾸는 세상은 어떤 걸까? 89

제8장	새 나라로 가는 길	98
제9장	불편한 진실	108
제10장	가장 강한 자가 살아남는다!	118
제11장	빈 자루는 똑바로 설 수 없다!	131
에필로그	아버지를 뛰어넘고 싶어!	141

역사 속 사자성어	146
재미 쏙쏙, 역사 속 숨은 사건 돋보기	148
톡톡 논술! 내가 역사 속 인물이라면?	150
한국사 상식	154
조선왕 계보	156
태조 이성계 가계도	158

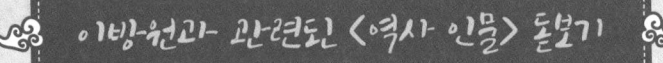

고려를 대표하는 충신, 정몽주(1337~1392)

정몽주는 고려의 우왕이 나라를 다스리던 때인 1337년 경북 영천에서 태어났어요.

24살의 나이에 3번의 과거 시험에 장원 급제할 정도로 뛰어난 실력을 갖춘 문신이었지만, 이성계와 함께 왜구를 토벌하여 공을 세울 정도로 문무를 겸비한 인물이었어요.

정몽주는 명나라와 고려가 사이가 좋지 않던 때에는 사신으로 가서 훌륭한 외교를 발휘하여 명나라와 화해를 하고 돌아왔고, 왜 나라의 해적들에게 붙잡혀간 고려 백성 수백 명을 무사히 구출해서 데려오기도 했어요. 또한 의창을 세워 빈민을 구제하는 정책을 펼치는 등 외교와 법률, 교육, 학문 등 여러 분야에서 뛰어난 학자였어요. 그래서 따르는 사람들이 많았어요.

이성계와 이방원은 정몽주야말로 고려를 멸망시키고 새 나라 조선을 건국하는 데 꼭 필요한 인물이라 생각했어요. 하지만 정몽주는 끝까지 고려 왕조를 받드는 고려의 충신이었어요.

당시 많은 사람들이 이성계와 뜻을 함께하고 새 나라 조선을 세우는 데 힘을 보탰지만, 정몽주는 끝까지 고려 왕조를 위해 충절을 지키다가 이방원이 보낸 자객에게 선죽교에서 목숨을 잃었어요. 그래서 정몽주는 수백 년이 흐른 오늘날까지도 고려를 대표하는 충신으로 알려져 있답니다.

이방원의 시, 하여가

이방원이 정몽주를 조선 창업에 끌어들이기 위해 정몽주의 마음을 떠보기 위해 지은 시예요.

**이런들 어떠하리 저런들 어떠하리
만수산 드렁칡이 얽어진들 어떠하리
우리도 이같이 얽혀서 백 년까지 누리리라**

정몽주의 시, 단심가

이방원이 정몽주를 조선 창업에 끌어들이기 위해 정몽주의 마음을 떠보기 위해 지은 〈하여가〉에 대해 정몽주는 〈단심가〉로 답했답니다.

**이 몸이 죽고 죽어 일 백 번 고쳐 죽어
백골이 진토 되어 넋이라도 있고 없고
임 향한 일편단심이야 가실 줄이 있으랴**

새 왕조 조선의 설계자, 정도전(1342 ~ 1398)

정도전은 고려 말의 혁명가이자 새 왕조를 설계한 조선 개국의 공신으로 조선 왕조의 기틀을 다진 인물이라고 할 수 있어요.

정도전은 1342년 경상북도 영주에서 태어났어요. 공민왕 11년(1362) 과거에 급제한 정도전은 여러 벼슬자리를 역임하다가 1375년 명나라를 배척하고 원나라를 높이자는 주장에 반대하다가 유배를 가게 되었어요.

유배에서 풀려난 뒤에는 몇 년간 유랑생활을 하다 전쟁 영웅인 이성계에 대한 소문을 듣고 (우왕 9년)함주로 이성계를 찾아갔어요. 이성계와의 만남으로 정도전은 새로운 나라에 대한 꿈을 꾸게 되었고, 그 뒤 이성계와 뜻을 같이하여 새로운 왕조를 세우는 데 온 힘을 쏟았어요.

1392년 마침내 새로운 나라 조선이 세워지자 정도전은 체계적으로 군사를 훈련시키고, 조선의 도읍지 한양(지금의 서울)을 설계하고, 조선의 기본 법전인 〈조선경국전〉을 펴내는 등 조선왕조의 기초를 닦는데 많은 도움을 주었어요.

정도전과 이방원은 조선을 세울 때 가장 큰 공을 세웠어요.

하지만 둘의 생각은 전혀 달랐어요.

정도전은 신하들이 중심이 되는 나라를 꿈꿨지만 이방원은 강력한 왕권을 바탕으로 한 국가를 꿈꾸었거든요. 이방원의 야심을 누구보다 잘 알고 있던 정도전은 이방원이 왕위에 오르면 안 된다고 생각했어요. 그래서 정도전은 태조의 막내아들인 방석을 세자로 세우는데 앞장섰어요. 또한 이방원을 견제하기 위해 사병제도를 없애려고 했어요. 이로 인해 이방원의 불만이 극에 달했지요.

결국 정도전은 1398년, 조선을 세운 지 6년 만에 이방원에 의해 목숨을 잃고 말았답니다.

이방원의 가족 〈역사 인물〉 돋보기

이방원의 아버지, 태조 이성계(1335~1408)

 이성계는 위화도 회군으로 조선을 건국한 조선 제1대 왕인 태조이자, 이방원의 아버지예요.

 이성계는 1335년 이자춘의 둘째 아들로 태어났어요. 어려서부터 총명하고 용감했으며 특히 활 솜씨가 뛰어났어요.

 1356년에는 아버지 이자춘과 함께 원나라의 쌍성총관부를 공격하여 빼앗았고, 1362년에는 원나라의 장수 나하추의 군사와 싸워 크게 이겼으며 1377년부터는 지리산과 해주, 황산 등에서 왜구를 크게 무찔렀어요. 이성계는 전쟁 영웅으로 추앙받으며 승승장구했지요. 이성계의 주변에는 운이 다한 고려를 뒤엎고 새로운 세상을 열고자 하는 생각을 가진 사람들이 모여들었어요.

 1388년, 고려의 왕인 우왕은 이성계에게 요동을 정벌하라는 명령을 내렸어요. 이성계는 여러 가지 이유를 들어 명나라와의 싸움을 반대했지만 왕의 명령을 거역할 수가 없었어요. 그래서 군대를 이끌고 요동을 향해 출발했지요. 그런데 군사들과 함께 위화도에 이르렀을 때, 압록강의 다리가 끊겨 오도 가도 못하는 신세가 되었어요. 이성계는 요동 정벌이 불가능하다는 것을 깨달았어요. 그래서 다시 개경으로 돌아가기로 결심을 하고 위화도에서 말머리를 돌려 개경으로 향했지요.

개경에 도착한 이성계는 최영을 제거하고 우왕을 폐위시킨 후 창왕을 왕위에 세웠어요. 그리고 다음 해에 다시 공양왕을 왕위에 앉혔어요.

고려의 권력을 거머쥔 이성계는 이후 정몽주 등 고려의 충신들을 제거하고 1392년 7월 7일 마침내 새로운 나라 조선의 왕이 되었답니다.

이방원의 아들, 세종대왕(1397~1450)

　세종대왕은 조선의 3대 임금인 태종 이방원의 셋째 아들로 태어났어요. 태종에게는 첫째 아들인 양녕대군과 둘째 아들인 효령대군, 셋째 아들인 충녕대군이 있었어요.

　원래 세종은 임금이 될 수 없는 인물이었어요. 조선의 임금은 첫째 왕자가 되어야 했거든요. 하지만 태종은 첫째인 양녕대군이 임금이 되기에 부족하다고 판단하여 셋째인 충녕대군을 세자자리에 앉혔어요. 그리고 왕자들이 왕위를 두고 다투는 일이 없도록 하기 위해 두 달 만에 서둘러 왕위를 물려주었습니다.

　세종은 어려서부터 글 읽기를 아주 좋아했어요. 또한 성품이 어질고, 자나 깨나 나라와 백성을 사랑한 임금이었어요.

　세종대왕의 가장 큰 업적은 바로 한글이라고 할 수 있어요. 당시 우리나라에는 문자가 없어서 중국의 한자를 빌려 쓰거나 이두라는 문자를 사용했어요. 이 문자들은 글자 수가 너무 많고 복잡해서 보통의 백성들이 쓰기에는 너무 어려웠어요. 그래서 글을 모르는 사람이 많았어요. 세종대왕은 이것을 매우 안

타깝게 생각했어요. 그래서 조선의 모든 백성들이 쉽게 쓸 수 있는 우리 글자를 만들기 위해 집현전의 학자들과 함께 밤낮없이 연구를 했어요. 그리고 마침내 '훈민정음'을 만들었습니다.

세종대왕의 업적은 이뿐만이 아니에요. 비의 양을 재는 측우기와 자동으로 북을 울려 시간을 알려 주는 물시계(자격루), 해의 움직임에 따라 생기는 그림자로 시간을 재는 해시계(앙부일구) 등 각종 과학 기구를 발명하게 했어요.

세종은 아버지인 태종 이방원이 다져 놓은 기틀 위에 과학과 의학, 천문학, 인쇄술, 음악 분야 등에 많은 업적을 남겼어요. 그래서 조선왕조 500년의 역사 가운데 가장 빛난 업적을 남긴 훌륭한 임금으로 평가받고 있습니다.

흰 용을 타고

"도련님."

쇠돌이가 최대한 목소리를 낮추더니 소곤대듯 조심스럽게 방원을 불렀다.

그 시간, 방원은 초롱초롱한 눈빛으로 책장을 넘기고 있었다. 방원은 책 한 권을 다 읽을 때까지 꼼짝도 하지 않고 방 안에 앉아있었다.

잠시 후, 책을 다 읽은 방원이 방문을 벌컥 열어젖혔다. 그때까지 잠자코 주인을 기다리고 있던 쇠돌이가 방문 앞으로 후다

닥 달려왔다.

"도련님, 글공부 끝나셨습니까? 지금 장군님이 오신답니다."

쇠돌이가 잔뜩 들떠서 소리쳤다.

방원의 표정이 금세 장난꾸러기 아이처럼 변했다.

"뭐? 정말이야? 그걸 왜 이제 말해?"

방원이 투덜거렸다.

"도련님이 책 읽을 때 방해하는 걸 싫어하셔서……."

쇠돌이가 말끝을 흐리며 머리를 긁적였다.

쇠돌이의 말에 방원은 미안한 마음이 들었다.

"그래서 아버지는 오셨어? 어디 계셔?"

"한 식경[01]쯤 기별이 왔으니까 곧 동구 밖에 도착하실 것 같습니다."

"가만, 내가 지금 이렇게 있을 때가 아니지."

방원의 눈이 반짝반짝 빛났다.

방원은 무슨 생각인지 갑자기 버선발로 마당으로 뛰어내렸다

"아이고, 도련님! 신발은 신으셔야죠."

---

01 약 30분 정도

쇠돌이가 득달같이 달려와 방원에게 신발을 신겨주었다.

무슨 즐거운 상상이라도 하는지 방원의 입꼬리가 점점 올라갔다.

신발을 다 신은 방원이 대문을 향해 달음박질을 쳤다.

"도련님, 어딜 가시려고요?"

"아버지 마중 나갈 거야."

"저도 따라가겠습니다."

"내가 아직도 아기인 줄 알아?"

"알겠습니다. 대신 멀리 가시면 안 됩니다!"

"걱정하지 마!"

방원이 입술을 삐죽이며 소리쳤다.

대문을 나온 방원은 마을 입구가 한눈에 보이는 언덕 위로 쏜살같이 올라갔다.

방원은 언덕 위 가장 큰 버드나무 옆에 자리를 잡고 아버지가 오시기만을 기다리고 있었다.

상쾌한 바람이 어루만지듯 뺨을 스쳐 갔다.

방원은 뚫어져라 동구 밖을 내려다보았다. 정오 무렵이라 햇볕이 따가웠다. 방원은 쏟아지는 햇살을 피하려는 듯 손바닥으로 하늘을 가린 채 실눈을 떴다.

따사로운 햇살 때문인지 슬슬 눈꺼풀이 무거워지면서 졸려 왔다. 방원은 잠들지 않으려 무거운 눈꺼풀을 연신 비볐지만, 어느새 깜박 잠이 들었다.

쉬이익, 쉭! 어디선가 기분 나쁜 소리가 들려왔다.

꾸벅꾸벅 졸던 방원이 서늘한 기운에 놀라 벌떡 일어났다. 먹색의 거대한 구렁이 한 마리가 똬리를 튼 채 방원을 노려보고 있었다.

구렁이를 본 방원은 너무 섬뜩해서 등골이 오싹해졌다.

때마침 왁자지껄한 소리와 함께 마을 입구로 들어오는 군대의 행렬이 보였다. 행렬 맨 앞에 위풍당당한 모습의 장군이 말을 타고 있었다. 틀림없이 방원의 아버지였다.

방원이 아버지를 부르려는데, 구렁이가 입을 크게 벌리고 방원을 향해 다가왔다.

구렁이를 피해 달아나고 싶었지만, 이상하게 몸이 말을 듣지 않았다.

놈이 가까이 올수록 온몸에 소름이 우수수 일어나면서 숨이 멎을 것만 같았다.

바로 그 순간, 갑자기 하늘에서 마른번개가 쳤다.

우르르 콰아 쾅!

구렁이가 멈칫하는 사이 구름 위에서 웅장한 모습의 흰 용이 모습을 드러냈다. 그 사이 방원을 노리던 구렁이는 슬금슬금 미끄러지듯 뒤로 내빼더니 어디론가 사라져버렸다.

흰 용이 방원에게 다가왔다. 방원이 고개를 들어 조심스럽게 흰 용을 올려다보았다.

눈이 부시도록 하얀 뿔과 뾰족한 갈기, 반짝이는 비늘로 덮인 몸에서는 범접할 수 없는 고귀함이 뿜어져 나왔다. 특히 반짝이는 푸른 눈을 본 순간, 방원의 머릿속은 횃불이 켜진 것처럼 환해졌다.

흰 용이 지그시 방원을 바라보았다. 강렬한 눈빛이었다. 방원의 가슴이 저도 모르게 두방망이질을 쳤다.

흰 용이 바닥에 납작 엎드린 채 방원에게 등을 내밀었다. 방원은 흰 용이 이끄는 대로, 용의 등 위로 훌쩍 올라탔다. 용의 등에 올라탄 느낌이 너무 편안하고 좋았다.

방원을 태운 흰 용은 눈 부신 햇살이 쏟아져 내리는 하늘 위로 날아올랐다. 발아래 숨 막히게 아름답고 평화로운 풍경이 펼쳐졌다.

그때 어디선가 그리운 목소리가 들려왔다.

"방원아, 방원아! 아버지가 왔다! 일어나보렴."

방원이 번쩍 눈을 떴다.

'꿈이었구나!'

눈을 뜬 방원이 어리둥절한 표정을 지었다.

수염을 덥수룩하게 기른 사내가 미소 띤 얼굴로 방원을 내려다보고 있었다. 사내는 방원의 아버지인 이성계였다. 아버지 옆에는 큰형 방우와 둘째 형 방과가 서 있었다. 두 형은 아버지를 따라 전투에 참가하고 돌아오던 길이었다.

"아버지!"

방원은 이성계를 보며 조금 전 꿈에서 봤던 흰 용의 모습을 머리에 떠올렸다.

"우리 방원이 못 보는 사이에 정말 많이 컸구나!"

이성계는 방원을 번쩍 안아 올리더니 하얀 이를 활짝 드러내고 껄껄 웃었다.

방원은 이성계의 품에 안긴 채 집으로 향했다.

아버지를 닮고 싶어 하는 아들

집 앞에 도착하자마자 대문이 활짝 열리며 일고여덟 살쯤 되어 보이는 도령이 이성계를 보고 열광적으로 손짓을 했다. 방원의 바로 손위 형인 방간이었다.

"아버지, 아버지!"

방간이 두 팔을 활짝 벌리고 이성계에게 달려들었다.

이성계는 방원을 땅에 내려놓고 방간을 안아 들었다.

"아버지, 보고 싶었어요!"

방간이 빠진 윗니를 드러내며 환하게 웃었다.

"우리 넷째, 아버지가 없는 사이 이를 또 뺐구나!"

"네! 그런데 이번에는 안 울었어요. 이빨 잘 뺐다고 어머니한테 칭찬까지 들었는걸요. 아버지! 오늘 제가 뭘 잡았는지 아세요? 아마 깜짝 놀라실걸요?"

방간이 쉴 새 없이 떠들어댔다.

"하하! 뭘 잡았느냐?"

"저기 행랑아범이 들고 있는 꿩 보이시죠? 제가 잡았어요."

방간이 이성계에게 안긴 채 행랑아범을 가리켰다. 방간의 말대로 행랑아범의 손에 꿩 한 마리가 들려있었다.

"정말로 네가 잡았느냐?"

이성계가 방간에게 물었다.

"네, 아버지! 저 이제 활쏘기도 완전히 잘해요. 마음만 먹으면 멧돼지도 잡을 수 있어요."

방간의 너스레에 이성계가 껄껄 소리 내어 웃었다.

"하하하! 암 그래야지! 역시 내 아들답구나! 우리 방간이가 최고다, 최고!"

이성계가 잇몸이 만개한 미소를 지으며 방간의 볼에 얼굴을 비볐다.

"아이, 간지러워요. 아버지!"

방간이 좋아서 어쩔 줄 몰라 하며 깔깔거렸다.

왜구를 무찌르고 몇 달 만에 집에 오신 아버지 덕분에 오랜만에 집안에 활기가 돌았다.

늦은 점심을 먹은 뒤 방원의 형제들이 한데 둘러앉았다. 이번에 처음 아버지를 따라 전투에 참가한 둘째 형 방과의 이야기가 듣고 싶었던 것이다.

"형, 왜구는 어떻게 생겼어? 무섭게 생겼어?"

방원이 물었다.

"아니! 우리 고려 사람이랑 똑같이 생겼어."

"정말이야? 난 괴물처럼 생긴 줄 알았는데."

방간이 끼어들며 말했다.

"형, 싸움터는 어떤 곳이야? 엄청 무서운 곳이야?"

"궁금해? 들려줄까?"

방과의 말에 방간과 방원이 동시에 고개를 끄덕였다.

"싸움터는 말이지……."

이야기를 시작하는 방과의 목소리가 다소 흥분해 있었다.

"사방에서 화살이 슉슉 날아오고 왜구들이……."

세 동생, 방의와 방간, 방원은 눈을 반짝이며 방과의 말에 귀를 기울였다.

"한 번은 산 중턱에서 왜구랑 싸움이 벌어졌거든. 왜구의 기세가 정말 대단했지. 그런데 우리 아버지가 화살 몇 방으로 단번에 왜구의 기세를 팍 꺾어 버렸어. 슉 슉 슉! 아버지가 쏜 화살이 한 발도 실패하지 않고 왜구들을 맞혔거든."

"우와!"

방간과 방원이 방과의 말끝에 추임새를 넣었다.

동생들의 반응에 신이 난 방과는 전쟁터에서의 무용담을 이것저것 풀어놓았다.

"너희들, 한 번도 아버지가 왜구랑 싸우는 거 본 적 없지? 나도 이번에 처음 봤는데, 부하들이 왜 우리 아버지를 떠받드는지 알겠더라고. 싸움터에서의 아버지 모습, 지금 생각해도 너무 멋있어. 나도 아버지처럼 멋진 장군이 되면 얼마나 좋을까?"

방과는 얘기를 하다 말고 상기된 얼굴로 눈물까지 글썽거렸다. 아직도 싸움터에서의 감흥에 빠져있는 것 같았다.

"나도 아버지처럼 되고 싶다."

"나도!"

방의와 방간이 맞장구를 쳤다.

'아버지처럼 되고 싶다!'

방원도 문득 이런 생각이 들었다.

부러운 눈빛으로 형의 이야기를 듣던 방원이 살며시 방을 빠져나와 가족들이 활쏘기 연습을 하는 공터로 갔다.

방원은 활통에서 화살 하나를 꺼내 활시위에 끼웠다. 아직은 활시위를 당기는 일이 너무 버겁고 힘들었지만 방원은 입술을 꾹 다문 채 활시위를 잡아당겼다. 순간 화살이 파르르 떨며 소리 없이 나는가 싶더니 그대로 땅바닥으로 떨어졌다.

"왜 난 활쏘기를 못 하는 걸까?"

방원이 중얼거렸다.

"활쏘기는 힘만으로 되는 게 아니란다."

언제 왔는지 아버지가 활통을 어깨에 메고 다가왔다.

방원이 해맑은 표정으로 아버지를 바라보았다.

이성계는 활통에서 재빠르게 화살을 꺼내더니 과녁을 향해 활시위를 당겼다.

쌔애앵, 공기를 가르는 바람 소리와 함께 이성계가 쏜 화살은 정확하게 과녁 한가운데에 꽂혔다.

감나무에 앉아 있던 까치 세 마리가 푸드덕거리며 공중으로 날아올랐다.

이성계는 이번에는 까치를 향해 활을 쏘았다. 화살이 얼마나 빠르던지 바람 소리가 쌩하고 들릴 정도였다.

그 순간, 믿을 수 없는 일이 벌어졌다. 까치 세 마리가 한꺼번에 화살을 맞고 땅에 떨어진 것이었다. 방원의 눈이 갑자기 휘둥그레졌다.

방원이 땅에 떨어진 까치를 향해 뛰었다. 그곳에는 화살 하나에 까치 세 마리가 죽 꿰어져 있었다.

"우와!"

방원이 벌어진 입을 다물지 못했다.

이성계가 다가오자 방원이 입을 열었다.

"저는 왜 아버지나 형들처럼 활쏘기를 잘하지 못하는 걸까요? 활쏘기를 배웠지만 제 생각처럼 활이 나가지 않아요."

"대신 넌 글공부를 잘하지 않니. 넌 글공부가 정말로 좋으냐?"

이성계가 차분한 목소리로 물었다.

"네, 좋아요."

"글공부가 왜 좋으냐?"

"글자를 알면 제가 좋아하는 책을 술술 읽을 수 있거든요. 그리고 모르는 글자를 하나씩 알아갈 때마다 정말 신이 나요."

방원의 말에 이성계가 미소를 지었다.

"하하, 글공부가 싫었던 적은 없었느냐?"

이성계가 다시 물었다.

"있었어요. 글공부를 하느라 뛰어놀 시간이 적어서요. 하지만 모르는 글자가 많으면 읽고 싶은 책을 읽을 수가 없더라고요. 그래서 죽어라 글공부를 했어요. 읽고 쓰고 또 읽고 쓰고. 그랬더니 어느새 아는 글자가 점점 많아졌어요."

방원의 말에 이성계가 고개를 끄덕였다.

"바로 그거란다. 활쏘기도 연습을 많이 해야 실력이 는단다. 아버지도 처음부터 활쏘기를 잘했던 것은 아니야. 손가락이 부르트도록 연습을 하고 또 했지. 아마 너도 활쏘기를 열심히 하면 형들이나 아버지처럼 활을 잘 쏠 수 있을 거야."

이성계의 말에 방원이 눈을 반짝였다.

"정말 그럴까요?"

"물론이지! 누구든 처음부터 잘하는 사람은 없어. 차근차근

하다보면 조금씩 나아지는 것이란다."

"아, 연습이 정답이었구나!"

방원이 고개를 끄덕였다.

"아버지, 그래도 저는 형들처럼 활을 잘 쏘고 싶어요. 어떻게 하면 화살을 잘 쏠 수 있어요?"

"아버지한테 활 쏘는 법을 한 수 배워볼 테냐?"

이성계가 부드러운 목소리로 물었다.

"네! 가르쳐주세요."

방원이 대답했다.

이성계는 활시위를 당기는 방원의 자세를 하나하나 바로잡아주었다. 방원은 사소한 거 하나도 놓치지 않으려는 듯 귀를 쫑긋 세우고 열심히 배웠다.

"아버지가 가르쳐주시니까 훨씬 잘되는 것 같아요!"

"그럼, 이제 혼자서 활을 쏘아보렴."

이성계의 말에 방원이 깍짓손을 높이 들었다.

"잘했다! 그렇게 깍짓손은 하늘을 향하도록 들어야 화살이 흔들림 없이 날아간단다."

이성계의 칭찬에 자신감이 생긴 방원이 심호흡을 하고 활시

위를 힘껏 잡아당겼다.

쌔앵, 바람 소리와 함께 화살이 과녁을 향해 날아갔다. 하지만 아쉽게도 과녁에 명중하지는 못했다.

"아버지, 한 번 더 해볼게요."

방원이 입술을 살짝 깨물며 말했다.

이성계가 고개를 끄덕이며 방원의 어깨를 다독여주었다.

잠시 과녁을 쏘아보던 방원이 활시위를 잡아당겼다.

다음 순간, 방원이 쏜 활이 과녁의 가장자리에 꽂혔다.

"우와, 아버지! 제가 과녁을 맞혔어요!"

방원의 목소리가 자기도 모르게 커졌다

"그것 봐라! 너도 할 수 있잖니. 좀 더 연습을 하다 보면 과녁 한가운데를 맞힐 수 있을 거다."

"네, 아버지! 다음에는 꼭 과녁의 한가운데를 맞혀볼게요."

방원이 씩씩하게 대답했다.

"암, 그래야지!"

이성계는 한없이 사랑스러운 눈빛으로 어린 아들을 바라보았다.

"방원아, 처음은 뭐든 힘든 법이란다. 하지만 하루하루 최선을 다하다 보면 좋은 결과가 있기 마련이다. 넌 틀림없이 할 수

있을 거야! 넌 내 아들이잖니! 아버지는 너를 믿는다."

이성계가 방원의 어깨를 토닥여주었다.

'그래. 난 사람들이 존경하는 이성계의 아들이야. 난 뭐든 할 수 있어.'

방원의 얼굴은 기대감과 설렘으로 붉게 상기되어 갔다.

그날 이후 방원은 하루도 빠짐없이 활쏘기 연습을 했다. 덕분에 방원의 활 쏘는 솜씨는 나날이 늘어갔다.

첫 사냥

일 년이 지난 어느 봄날이었다.

활쏘기 연습을 하고 있는 방원 곁으로 방간이 어슬렁거리며 다가왔다.

"오! 솜씨가 많이 늘었는걸! 방원아, 너 저기 날아가는 새 맞혀본 적 있어?"

"없어! 한 번도!"

"기회가 되면 한번 해봐! 과녁을 맞히는 것과 살아 움직이는 것을 맞히는 것은 완전히 달라!"

방간이 이렇게 말하며 활통을 주섬주섬 챙겼다. 방원이 두 눈을 반짝이며 방간을 정면으로 바라보았다.

"형, 사냥 갈 거야?"

"응! 친구들이랑 뒷산에서 만나기로 했어. 오늘은 가볍게 멧돼지나 잡아 올까?"

방간이 보란 듯이 허풍을 떨었다.

"형, 사냥 재밌어?"

방원이 부러운 표정으로 방간을 쳐다보았다.

"엄청 재밌어! 너도 나중에 커서 해봐! 그러면 내 기분을 알 거야."

방간의 말에 방원이 꿀꺽 침을 삼켰다. 그리고는 불쑥 말을 꺼냈다.

"형, 나도 같이 갈래!"

"그건 안 돼!"

방간이 펄쩍 뛰며 대답했다.

"왜 안 돼?"

"넌 아직 어린애잖아!"

"형도 내 나이 때 사냥을 처음 시작했다며!"

방원이 눈을 동그랗게 뜨고 되물었다.

"그건 그랬지만."

방간은 잠시 할 말을 잊었다.

"나도 갈래! 데려가 줘! 형, 혀어어응~"

방원이 방간의 옷소매를 붙잡고 떼를 썼다.

"안 돼! 사냥이 얼마나 위험한 줄 아니? 그러다 다칠 수도 있다고. 네가 다치면 엄마한테 나만 혼난다고."

방간이 최대한 불편한 표정을 지으며 투덜거렸다.

"안 다치게 조심할게."

방원의 대답에 방간이 잠시 머뭇거렸다.

'저 녀석을 어떻게 떼놓고 가지?'

방간은 어지간한 핑계를 대서는 방원의 고집을 꺾지 못한다는 것을 알고 있었다. 그때 멋진 생각이 떠올랐다.

"방원아, 그런데 산에 집채만 한 호랑이가 산대. 사냥하다 호랑이랑 딱 마주치게 될 수도 있는데 괜찮겠어?"

방간이 슬쩍 겁을 줬지만 방원은 속지 않았다.

"칫, 거짓말! 야트막한 뒷산에 호랑이가 어딨어? 내가 바보인 줄 알아? 호랑이는 깊은 산속에 살잖아."

방원이 방간을 노려보며 씩씩댔다. 방원의 표정에 방간이 흠칫 놀란 표정을 지었다.

"뭐, 꼭 그런 것은 아니지. 발 달린 짐승이 어디를 못 가겠냐? 깊은 산속에서 살다가 낮은 야산으로 올 수도 있는 거지."

방간이 아리송한 말로 얼버무렸다.

방간은 계속, 이 핑계 저 핑계를 댔지만 한번 사냥을 따라가기로 마음먹은 방원은 포기를 몰랐다. 결국 방간은 방원을 데려가기로 했다.

"대신 얌전히 따라다녀야 해."

"알았어! 형, 고마워!"

방원이 살짝 눈웃음을 지어 보였다.

그렇게 방원은 방간을 따라 첫 사냥을 하러 갔다.

잠시 후, 방원 형제는 뒷산에 도착했다. 방간의 친구들 서너 명이 먼저 와있었다.

방원은 형들 뒤를 졸졸 따라다니며 사냥감을 찾아다녔다.

얼마나 돌아다녔을까? 방원의 눈에 토끼 한 마리가 움츠리고 있는 모습이 보였다.

"형! 저기 토끼가 있어!"

방원이 토끼를 가리키며 소곤댔다. 하지만 웬일인지 방간은 토끼에게 관심조차 두지 않았다.

"형, 토끼 안 잡아?"

"토끼는 너무 빨라! 난 꿩을 잡을 거야."

방간이 이렇게 말하며 작대기로 수풀을 툭툭 쳤다.

"쳇, 언제는 멧돼지도 잡을 수 있다더니."

방원이 입을 삐죽이며 중얼거렸다.

그렇게 한참의 시간이 지난 뒤, 잣나무 근처의 풀숲에서 푸드덕 거리는 소리와 함께 꿩 한 마리가 모습을 드러냈다.

꿩을 본 방간의 눈빛이 순식간에 바뀌었다. 방간은 매서운 눈으로 잠시 꿩의 움직임을 살피는가 싶더니 곧 화살을 쏘았다. 피융! 방간이 쏜 화살이 단번에 꿩을 맞혔다.

"어때? 형 실력 괜찮지?"

방간이 씨익 웃어 보였다.

방원은 놀라움과 부러움이 섞인 표정으로 형을 바라보았다.

그때 또 다시 꿩 한 마리가 나타났다.

"형, 멈춰! 이번에는 내가 해볼래!"

방원이 재빨리 활통에서 화살을 꺼내 날렸다.

푸드득, 꿩은 방원을 놀리듯 저 멀리 달아나 버렸다.

"겨우 그 실력으로 사냥을 따라왔어? 넌 엄마 젖이나 더 먹고 와야겠다!"

형들 중 하나가 이렇게 말하자 모두들 깔깔대며 웃어댔다.

방원은 울컥하는 마음에 주먹을 움켜쥐었다.

'두고 봐! 형들보다 더 많이 잡을 거야!'

때마침 꿩 한 마리가 또 나타났다.

방원이 다급하게 화살을 날렸다. 하지만 이번에도 꿩은 마치 약을 올리듯 방원의 화살을 피해갔다.

"으악! 왜 난 안되지?"

방원이 머리를 감싸 쥐고 중얼거렸다.

"방원이 넌 힘들게 사냥할 생각하지 말고 형들이 사냥한 거나 들고 다녀!"

방간이 이렇게 말하며 사냥한 꿩을 방원에게 건넸다.

"방원아, 내 거도 들어줄래?"

형들이 우르르 사냥감을 방원에게 건넸다. 그 순간, 방원의 가슴 속에 반항심과 함께 경쟁심이 마구 솟아났다.

"싫어! 나도 사냥할 거야! 두고 봐! 난 시시하게 꿩 같은 거

안 잡고 토끼를 잡을 거라고."

방원이 이렇게 말하며 활통을 어깨에 둘러매고 오솔길로 빠르게 걸어갔다.

"멀리 가면 안 돼! 곧 해가 질 거야."

방간이 방원의 뒤통수에 대고 소리쳤다.

방원은 사냥감을 찾아다녔다. 한참을 돌아다녔지만, 토끼는커녕 산새 한 마리 보이지 않았다.

지친 방원이 바위에 앉아 잠시 쉬려는 순간, 나풀나풀 수풀이 흔들리더니 토끼 한 마리가 모습을 나타냈다.

방원은 조용히 활을 겨누었다. 하지만 토끼는 벌써 숲으로 도망을 가고 없었다. 방원이 포기하지 않고 계속 토끼를 뒤쫓으며 화살을 날렸다. 하지만 번번이 토끼는 방원의 화살을 피해 도망갔다.

"아휴, 다리야!"

방원이 뛰다 말고 무릎을 움켜쥐었다. 태어나서 오늘처럼 많이 뛰어본 적은 처음이었다. 다리가 후들거리고 발바닥도 아파왔다.

어느새 날이 어두워지고 있었다.

'첫 사냥인데 빈손으로 돌아갈 수는 없지.'

방원은 다시 힘을 내 일어섰다.

그때 부스럭거리는 소리가 들려왔다. 방원이 살금살금 소리가 나는 곳으로 갔다. 바로 눈앞에 한가롭게 풀을 뜯어 먹고 있는 토끼 한 마리가 보였다. 방원은 마른 침을 꿀꺽 삼켰다.

'내 활이 항상 토끼보다 한발 늦었었지? 만약 토끼가 도망갈 방향을 예측해서 한발 앞쪽에 활을 쏘게 되면 어떻게 될까?'

방원은 이렇게 생각했다. 그래서 토끼가 도망을 갈 방향이 어디일지 생각해보았다.

'토끼 바로 앞에 개울이 있군. 토끼는 물을 싫어하니까 틀림없이 개울 반대쪽으로 도망갈 거야.'

방원은 이렇게 생각하고 토끼를 향해 활을 쏘았다.

피융, 하는 소리와 함께 활이 날아갔다.

방원의 예상은 적중했고, 눈 깜짝할 사이에 토끼가 화살을 맞고 쓰러졌다. 방원의 온몸에 짜릿한 성취감이 느껴졌다.

"우와! 내가 해냈어! 내가 해냈다고!"

방원은 숲이 떠나가라 소리쳤다.

"하하하! 내가 바로 이성계 장군의 아들 이방원이라고!"

방원은 한껏 으스대며 사냥한 토끼를 들고 형들이 있는 산 입구로 향했다.

보이지 않는 것과의 싸움

"호 호 호 호오~"

산새 몇 마리가 불쑥 나무 위로 푸드덕거리며 날아갔다.

숲속이라 그런지 나무들이 우거진 곳은 너무 어두컴컴했다. 그때였다. 처음 들어보는 새소리가 들렸다.

"우 우 우우 우 후후후~"

귀신 소리 같은 새소리에 방원의 온몸은 소름이 쫙 돋았다. 덜컥 겁이 난 방원은 그 자리를 황급히 떴다.

날이 점점 어두워졌다. 하늘에는 초승달이 떠 있었지만 큰

나무에 가려 주위는 온통 칠흑 같은 어둠뿐이었다.

"부으 부으으~"

또다시 귀신 소리 같은 새소리가 들려왔다. 등골이 오싹해지며 방원은 공포에 사로잡혔다.

방원이 주위를 두리번거렸다. 이미 날이 어두워져 아무것도 보이지 않았다.

"번쩍!"

어두운 나무들 사이에서 뭔가가 반짝였다. 눈을 비비고 다시 보자, 마침내 방원을 공포에 떨게 한 것의 모습이 보였다. 굵은 나뭇가지 위에 은빛의 하얀 괴물이 앉아있었다. 태어나서 처음 보는 괴물이었다. 방원은 놀란 나머지 숨을 쉴 수가 없었다.

괴물은 유난히 크고 동그란 눈으로 어둠 속을 노려보고 있었다. 마치 동그란 눈알을 이리저리 굴리며 뭔가를 찾고 있는 것처럼 보였다.

"부으 으으으으 흐흐~"

괴물이 소리를 내자, 방원은 엄청난 공포에 휩싸였다. 하마터면 저도 모르게 바지에 오줌을 지릴 뻔했다. 잔뜩 겁에 질린

방원의 다리가 후들거렸다. 도망을 가야 할 것 같은데 발이 움직여지지 않았다.

순간 방원이 잡은 토끼가 미세하게 꿈틀거렸다. 그러자 괴물이 휙 방원을 노려보았다. 곧 괴물과 방원의 눈길이 마주쳤다.

등골이 서늘해지며 죽을 것 같은 두려움이 몰려왔다. 그야말로 숨이 막힐 것 같았다.

때마침 맞은편 쪽에서 희미하게 방원의 이름을 부르는 소리가 들려왔다. 정신을 차린 방원이 소리가 들려오는 쪽으로 정신없이 달리기 시작했다.

방원은 숨을 헐떡이며 계속 달렸다. 돌부리에 채이고 나뭇가지에 긁혔지만 방원은 멈추지 않았다. 하지만 얼마 안 가 돌부리에 걸려 넘어지고 말았다.

방원은 넘어지면서도 사냥한 토끼를 놓치지 않으려 움켜쥐었다. 방원이 몸을 일으키려는 바로 그 순간, 괴물이 소리 없이 날아와 방원이 들고 있던 토끼를 낚아챘다.

방원은 토끼를 놓치지 않기 위해 젖 먹던 힘을 다해 움켜쥐었다. 괴물 역시 토끼를 포기하지 않았다. 그러다 갑자기 괴물이 목표물을 바꿔 방원을 공격하기 시작했다.

"으악! 저리 가! 저리 가란 말이야!"

방원이 비명을 지르며 손을 휘저으며 괴물을 마구 쫓았다. 괴물은 방원의 손을 할퀴며 달려들었다.

그때 고함소리와 함께 기다란 막대기를 든 남자아이 둘이 소리를 지르며 달려왔다. 괴물이 공격을 멈추고 멀리 날아가 버렸다.

"고마워!"

방원이 나지막한 소리로 말했다.

큰아이가 방원에게 물었다.

"손등에서 피가 나는데 괜찮아?"

"괜찮아! 이 정도가지고 뭘!"

방원은 자기 손등을 한번 쓱 보더니, 눈을 말똥거리며 소년들을 슬쩍 훑어보았다.

두 아이 모두 찢어지고 해진 옷을 입고 있었는데, 큰 아이는 어깨에 얼기설기 엮어 만든 망태기를 메고 있었다. 두 아이는 방원이 들고 있는 토끼에게서 눈을 떼지 못했다.

"형, 배고파! 물고기 먹고 싶다!"

두 아이 중 동생으로 보이는 아이가 말했다.

"산에 물고기가 어딨어? 조금만 참아. 집에 가서 죽 쒀줄게."

그때, 두 소년의 배에서 동시에 꼬르륵 소리가 났다. 이어서 방원의 배에서도 꼬르륵 소리가 요란하게 났다.

순간, 큰아이와 작은 아이가 동시에 웃음을 터뜨렸다. 방원도 멋쩍은 듯 웃어 보였다.

"하루 종일 굶었더니, 헤헤."

"너도 배고프구나? 이거라도 먹을래?"

큰아이가 망태기에서 나무뿌리를 꺼내 방원에게 건넸다.

"먹어봐! 약간 떫긴 한데 씹다 보면 단물이 나."

큰아이가 배시시 웃으며 말했다.

방원이 머뭇거리자, 작은 아이가 망태기 안에서 재빨리 나무뿌리를 꺼냈다.

"형, 이렇게 먹는 거야! 나처럼 해봐!"

작은 아이가 나무뿌리를 제 옷에 쓱쓱 닦은 다음 입에 넣고 오물거렸다.

이윽고 방원도 나무뿌리를 옷에 쓱쓱 닦은 다음 입에 넣고 한입 베어 물었다. 질겅질겅, 나무뿌리를 씹다 보니 떫고 쓴 맛 뒤로 단맛이 올라왔다.

"음, 처음 먹어보는데 맛이 괜찮네. 이거 이름이 뭐야?"

"칡이야! 사람들이 다 캐 버려서 이것도 겨우 구했어."

"아, 맛있어서 인기가 많은가보구나?"

방원의 말에 큰 아이가 당황한 표정을 짓더니 무슨 말을 꺼내려다 입을 꾹 다물더니 화제를 바꿨다.

"넌 한 번도……. 아니다! 너도 마을로 내려갈 거지? 우리랑 같이 가자."

"고마워! 내가 산길은 처음이라."

"우리도 이 동네 산길은 처음이야. 여기 오기 전에 바닷가 마을에 살았거든."

"아! 그럼 우리 동네로 이사 왔구나."

방원이 해맑은 표정으로 배시시 웃었다.

세 아이는 금세 가까워졌다. 큰아이의 이름은 금동이, 작은 아이의 이름은 은동이였다.

방원은 아이들과 이런저런 이야기를 나누며 산 입구를 향해 걸었다. 방원이 불쑥 금동이에게 물었다.

"넌 괴물이 무섭지 않아?"

"괴물? 아, 조금 전 그 부엉이 말이니?"

"그 괴물 이름이 부엉이였어?"

"응! 부엉이는 죽음을 부르는 새래. 부엉이가 운 뒤 우리 엄마와 아빠가 돌아가셨어. 그래서 난 부엉이가 너무 싫어."

금동이가 이렇게 말하고는 잠시 울먹거렸다.

"나도 오늘 처음 부엉이를 봤는데 너무 싫고 무서웠어!"

방원이 맞장구를 쳤다.

"나도 부엉이가 무서워!"

"정말? 그런데 어떻게 부엉이를 쫓을 생각을 했어?"

"아무리 무서워도 싸워야 할 때가 있잖아."

금동이가 미소를 지으며 대답했다.

"그래! 아무리 무서워도 맞서 싸워야 할 때가 있지. 암."

방원이 나지막이 중얼거리며 주먹을 불끈 쥐었다.

잠시 후, 방원이 궁금해 죽겠다는 듯이 물었다.

"금동이 넌 산에 왜 왔어? 망태기 안에 나무껍질이 많이 있던데 혹시 약초꾼이야?"

"아니야. 나무껍질은 죽을 쑤어먹으려고 벗겨온 거야."

너무 충격적인 대답에 방원이 걸음을 멈췄다.

"나무껍질을 먹는단 말이야?"

문득 며칠 전, 행랑아범과 쇠돌이가 하는 말이 떠올랐다.

마을 사람들이 배고픔을 이기려고 나무껍질을 하도 벗겨가는 바람에 산마다 느티나무와 소나무의 껍질이 죄다 벗겨져 있다는 얘기였다.

'이 아이들은 먹을 것이 없어서 산에 왔구나!'

방원은 인정이 많은 아이였다. 앞 뒤잴 것 없이 방원이 얼른 사냥한 토끼를 금동이의 손에 쥐여 주었다.

"이거 내가 처음 사냥한 건데 너 가져!"

방원의 말에 금동이와 은동이가 놀란 표정을 지었다.

"정말 이거 우리가 가져도 돼?"

금동이가 눈을 말똥거리며 방원을 쳐다보았다.

"응! 물론이지!"

방원이 말했다.

"고마워!"

금동이가 눈시울을 붉혔다.

때마침 횃불과 함께 방원을 부르는 소리가 가까이에서 들려왔다.

"우리 형 목소리다! 방간 형! 여기야, 여기!"

방원이 소리를 쳐 방향을 알려주었다.

횃불이 점점 가까이 오자, 금동이와 은동이는 당황한 듯 쏜살같이 산을 내려가 버렸다.

방원이 멍한 표정으로 아이들 뒷모습을 쳐다보았다.

"아, 참! 방간 형한테 토끼를 보여줬어야 했는데."

방원이 혼잣말로 중얼거렸다.

잠시 후, 방원이 있는 곳으로 집안 하인들과 방간이 한달음에 달려왔다.

그날 밤, 방원은 저녁을 먹자마자 코를 골며 잠이 들었다. 온종일 산속을 뛰어다닌 데다, 배고픈 상태에서 한꺼번에 배불리 먹고 나자 졸음이 몰려 왔다.

나중에 알게 된 사실이지만, 그날 밤 방간은 어머니에게 엄청 혼이 났다고 했다.

다음날, 방원이 방간을 찾아갔다.

방간이 절뚝거리며 방에서 나왔다.

"쇠돌이한테 다 들었어. 나 때문에 형이 엄청나게 혼났다며."

"들었어?"

방간이 쑥스러운 듯 머리를 긁적였다.

"왜 그랬어? 사실대로 말하지. 내가 졸라서 데려간 거라고 했으면 형이 혼나지 않았을 텐데."

"칫! 뭐 하러 그래? 그런다고 엄마가 너만 혼낼 것 같니? 아마 우리 둘 다 혼냈을걸! 둘이 혼나는 것보다 나 혼자 혼나는 게 훨씬 나아."

"종아리 안 아파?"

"하나도 안 아프다는 건 거짓말이고 아주 조금 아파! 하지만 난 너보다 형이잖아. 이 정도는 거뜬해!"

방간이 아무렇지 않은 척 웃어 보였다.

"고마워! 형이 나를 구해줬어! 다음에는 내가 꼭 형을 구해 줄게!"

"정말이야? 약속해!"

방간이 장난스럽게 새끼손가락을 내밀자, 방원이 새끼손가락을 걸었다.

"약속했다! 이제 난 전쟁터에 마음 놓고 가도 되겠다."

방간이 장난기 가득한 표정으로 방원을 바라보았다.

"형도 전쟁터 갈라고?"

"우리도 형들처럼 크면 아버지를 따라 전쟁터에 가야 하잖아."

"왜? 설마 형 지켜줄 자신 없어?"

"아니 그건 아니지만, 형이 나보다 훨씬 말도 잘 타고 활쏘기도 잘하잖아! 그런데 어떻게 내가 형을 지켜?"

"오, 지금 이 형이 더 무예가 높다는 걸 인정한 거 맞지?"

이렇게 말하던 방간이 뭔가 생각난 듯 무릎을 탁 쳤다.

"맞다! 너 어제 아무것도 못 잡았니? 난 꿩을 두 마리나 잡았는데."

"칫! 나도 잡았거든! 형, 놀라지 마! 난 산토끼를 잡았어!"

"산토끼를 잡았다고? 네가? 정말이야? 잡은 거 어쨌어?"

"그건 산에서 만난 애들한테 줬어."

"아깝게 그걸 왜 줘?"

"그건."

방원이 뭔가 말하려다 멈칫했다. 배가 고파 나무껍질을 벗겨 먹는 아이들이라는 소리를 차마 할 수가 없었다.

"그 애들이 나를 구해줬어. 그 애들 아니었으면 부엉이가 날 마구 할퀴었을 거야. 토끼도 부엉이한테 빼앗겼을 거고."

방원의 말을 들은 방간이 미심쩍은 표정으로 쳐다보았다.

하지만 금세 표정을 바꾸었다.

"첫 사냥에서 토끼를 잡다니 내 동생 대단한걸! 역시 넌 나의 자랑스러운 동생이야!"

방간이 장난스러운 표정으로 방원의 머리를 쓰다듬어주었다.

다시 만난 금동이

짧았던 봄이 가고 여름이 왔다.

무더위가 막 시작된 어느 날, 방원은 어머니와 함께 절로 향했다. 전쟁터로 나가신 아버지를 위해 기도를 드리기 위해서였다.

절에 도착한 방원은 어머니가 불공을 드리는 동안 조용히 절 구경을 했다. 행랑아범이 재빨리 방원을 뒤따랐다.

"아범, 절이 왜 이렇게 작아졌지?"

방원이 힐끗 뒤돌아보며 행랑아범에게 물었다.

"절이 작아진 게 아니라 도련님의 키가 훌쩍 컸기 때문이에요. 마지막으로 도련님이 이 절에 온 게 아마 네 살 때였죠? 방의 도련님과 방간 도련님은 마님을 따라 절에 종종 다니셨지만, 도련님은 2년 만에 오셨잖아요."

"그래서 그런가? 저기 저 탑도 옛날에는 엄청 커 보였는데 지금은 작아 보여!"

방원의 말에 행랑아범이 미소를 지었다.

대웅전 마당을 한 바퀴 돈 뒤 절 뒷마당으로 들어설 때였다.

젊은 행자[02]가 웬 거지 소년을 붙잡고 날이 선 목소리로 혼을 내고 있는 게 보였다. 그런데 그 모습이 무척 신경에 거슬렸다.

"감히 부처님께 올린 공양물을 훔쳐? 어제도 네가 그랬지? 요놈 혼 좀 나봐라!"

"한 번만 봐주세요! 제 동생이 굶어 죽게 생겨서 그랬어요."

거지 소년이 무릎을 꿇고 싹싹 빌었다.

"핑계되지 마! 너 같은 애들은 관아에서 혼 좀 나야 해!"

---

[02] 절에 들어가 불도를 닦는 사람

행자가 거지 소년을 질질 끌며 발길질을 했다.

"어린애를 때리다니!"

방원의 눈이 뒤집혔다. 방원은 원래 인정이 많은 아이였다. 그래서 누군가 괴롭힘을 당하는 것을 그냥 지나치지 못했다.

"스님, 어린애를 왜 때리는 겁니까? 때리지 마세요!"

방원이 소리쳤다.

방원의 말에 행자가 잠시 당황하는 기색을 보이더니 곧 표정을 바꾸었다.

"도련님은 상관하지 마세요! 이건 우리 일이랍니다. 요즘 공양물을 자주 도둑맞는 바람에 스님들이 얼마나 곤란을 겪는 줄 아십니까? 그리고 이 아이가 훔친 공양물은 바로 도련님 어머니가 부처님께 올린 것이랍니다."

거지 소년이 훔친 공양물이 하필 전쟁터에 가신 아버지의 무사 귀환을 위해 부처님께 올린 공양물이라니, 방원은 할 말을 잃었다.

행자가 거지 소년을 질질 끌고 방원 앞으로 지나갔다. 그때 거지소년이 방원의 옷자락을 붙잡았다.

"도련님, 살려주세요! 제 동생이 다 죽어가고 있어요. 제가

벌을 달게 받을 테니 제 동생에게 먹을 것을 조금만 나눠주세요. 네?"

거지 소년의 행동에 방원이 어쩔 줄 몰라 하자, 행랑아범이 나서서 방원에게서 거지 소년의 손을 떼어냈다.

거지 소년이 애처로운 눈빛으로 방원을 쳐다보았다. 거지 소년의 눈길과 마주친 순간, 방원은 익숙한 느낌이 들었다.

"도련님, 제발 제 동생을 살려주세요. 무녀가 살던 움막에 제 동생 은동이가 있습니다. 며칠째 아무것도 못 먹고 다 죽어가고 있어요."

은동이라는 이름에 방원의 정신이 번쩍 들었다.

한 달 전, 산속에서 만났던 작은 아이의 이름이 바로 은동이였었다.

"잠깐만! 네 이름은 뭐니?"

방원이 거지 소년에게 묻자 행자가 마땅찮은 표정으로 거지 소년을 째려봤다.

"제 이름은 금동이에요."

"뭐? 금동이?"

방원의 두 눈이 번쩍 빛났다.

방원이 거지 소년에게 바짝 다가갔다.

"혹시 한 달 전에 부엉이한테 공격당하던 도령 생각나니?"

방원의 질문에 거지 소년이 방원을 올려다보았다. 그리고 곧 거지 소년이 놀라는 표정을 지었다.

"헉! 저한테 토끼를 주셨던 도련님 맞죠? 도련님, 제발 제 동생 은동이 좀 살려주세요."

거지 소년이 울먹이며 애원했다.

갑작스러운 상황에 행자가 멈칫거리며 행랑아범의 귀에 대고 뭐라고 소곤거렸다. 행랑아범이 뭐라고 답을 하자 행자가 노스님을 부르며 바쁜 걸음으로 뛰어갔다.

잠시 후, 노스님과 방원의 어머니가 뒷마당으로 걸어 나왔다.

"이 아이가 널 구해줬다던 아이냐?"

어머니가 방원에게 물었다.

"네, 어머니!"

방원의 대답에 어머니가 노스님을 보았다.

"스님, 아무래도 이 아이 일은 제가 처리하게 해주셔야겠습니다."

어머니가 부드럽지만 단호한 말투로 말했다.

"네, 그렇게 하십시오."

노스님이 깍듯이 머리를 조아렸다.

방원이 어머니에게 다가갔다.

"엄마, 얘 동생이 많이 아프대요. 어서 사람을 보내서 치료도 해주고 먹을 것도 좀 챙겨주세요."

"알았다! 행랑아범, 들었지? 이 아이를 데리고 가서 필요한 조치를 해주게."

"네, 마님!"

행랑아범이 고개를 조아리며 대답했다.

"감사합니다! 이 은혜는 죽어서도 잊지 않겠습니다."

금동이가 눈물로 범벅된 얼굴로 연신 고개를 조아리며 소리쳤다.

행랑아범은 즉시 금동이를 데리고 절을 빠져나갔다.

두시진[03]이 지난 뒤, 행랑아범이 다시 절로 올라왔다.

방원이 행랑아범에게 뛰어갔다.

---

03 시간의 옛말

"어떻게 됐어?"

"동생이 많이 아파서 의원에게 데려다주고 오는 길입니다."

"얼마나 많이 아픈데?"

"온몸에 열이 펄펄 끓고 사람도 알아보지 못할 정도였어요. 의원 말로는 너무 여러 날 굶어 기력이 없는 데다 비를 맞아 감기에 걸린 것 같답니다."

"나을 수는 있대?"

"약을 써보기는 하는데 아무래도 너무 늦은 거 같답니다. 하루 이틀 버티기 힘들다더군요."

"뭐라고? 말도 안 돼! 어쩌다 그렇게 된 거래?"

방원이 저도 모르게 소리쳤다.

며칠 후, 은동이가 결국 세상을 떠나 장례를 치렀다는 소식이 방원에게 전해졌다.

방원의 기분이 울컥해지면서 슬픈 마음이 들었다. 누군가의 죽음 때문에 슬퍼진 것은 처음이었다.

'금동이는 얼마나 힘들까? 아무래도 금동이를 만나봐야겠어.'

방원이 쇠돌이를 불렀다.

"쇠돌아, 너 금동이 집이 어딘지 살짝 알아 와라."

"금동이가 누군데요?"

"날 숲에서 구해준 아이 말이야."

"아! 그 애가 금동이였어요? 그 애는 버려진 무녀 집에 살고 있다고 들었는데요."

"거기가 어디인지 알아?"

"당연히 알죠!"

"그럼 당장 앞장서!"

방원의 말에 쇠돌이가 촐랑거리며 앞장섰다.

잠시 후, 방원은 당산나무 근처의 버려진 무녀 집에 도착했다.

때마침 안에서 금동이가 봇짐을 진 채 밖으로 나왔다.

금동이가 방원을 보며 걸음을 우뚝 멈추었다.

"도련님, 여기까지 와주실 줄은 몰랐습니다. 덕분에 동생 장례를 잘 치렀습니다. 안 그래도 감사의 말씀을 직접 드리고 떠나고 싶었는데 이렇게 와주셔……."

금동이의 말이 채 끝나기도 전에 방원이 물었다.

"떠난다고? 어디로?"

"주지 스님이 소개해주셔서 치악산에 있는 암자로 갑니다."

금동이의 말에 방원이 당황한 표정을 지었다.

"암자는 왜? 설마 승려가 되려는 거야?"

"네. 동생까지 죽고 나니 이 세상이 부질없어 보입니다. 그리고……"

금동이가 잠시 머리를 긁적이더니 말을 이었다.

"절에 들어가면 굶어 죽지는 않을 것 같아서. 저처럼 일가친척 하나 없는 아이는 속세에 있어봤자 굶어 죽기 딱 좋죠."

"굶어 죽을 수도 있다고? 그게 말이 돼? 내가 우리 부모님께 얘기해서 널 도와줄 방법을 찾아볼게. 가지 마."

"지금까지의 도움만으로도 충분합니다. 이제부터는 제힘으로 살 겁니다."

금동이가 단호한 표정으로 대답했다.

"그래도 스님이 되는 건 좀! 차라리 고향으로 돌아가는 건 어때? 거기 집도 있다며."

"거긴 갈 수 없어요. 얼마 전에 왜구가 쳐들어와 식량을 빼앗고 마을에 불을 지르고 사람들을 죽였거든요. 제 부모님과 친척들은 모두 그때 돌아가셨어요. 겨우 목숨을 건진 저와 동생만 왜구의 노략질을 견디다 못해 여기로 도망 온 거예요."

전혀 생각하지 못했던 이야기였다.

"어떻게 사람이 사는 마을에 불을 지를 수가 있지?"

방원이 이를 부드득 갈았다.

금동이는 그동안 바닷가 마을에서 자신이 겪은 일들을 들려주었다. 너무 놀라운 이야기에 방원은 자기도 모르게 몸을 떨었다.

"왜구, 이 나쁜 놈들."

방원이 중얼거렸다.

"도련님, 듣자 하니 도련님 아버님이 왜구를 무찌르는 장군이라면서요?"

금동이의 말에 방원이 말없이 고개만 끄덕였다.

"도련님, 저랑 약속 하나만 해주세요."

"약속?"

방원이 뜨악한 표정을 지었다.

"나중에 꼭 훌륭한 관리가 되어서 저같이 힘없는 백성들이 살기 좋은 나라를 만들어주세요. 먼 미래에는 고려의 백성들이 지금처럼 고통 받지 않고 행복하게 살 수 있는 나라가 되었으면 좋겠어요."

금동이가 거침없이 말했다.

방원은 할 말을 잃고 잠시 입술을 깨물었다.

"내가 할 수 있을까? 그건 불가능해."

"도련님은 할 수 있어요. 더 나은 고려의 미래를 위해 큰일을 해주세요. 지금처럼 백성들이 굶어 죽는 나라는 희망이 없잖아요. 희망이 없는 나라는 나라가 없는 거나 마찬가지에요."

금동이의 말에 방원은 등줄기가 찌르르한 느낌을 받았다.

그날, 금동이의 말은 한동안 방원의 가슴에 화살처럼 깊이 박혀있었다.

뜻을 세우다

그로부터 여러 해가 지났다. 이성계는 원천석이라는 실력 있는 유학자를 방원의 스승으로 모셔왔다.

하루는 수업이 끝난 뒤 원천석이 방원에게 물었다.

"넌 왜 공부를 하려는 것이냐?"

갑작스러운 질문에 당황한 방원이 머뭇거리다 입을 열었다.

"과거에 응시하고 싶습니다."

"과거를 봐서 벼슬이 하고 싶으냐?"

원천석의 말에 방원이 가만히 고개를 끄덕였다. 그러자 원천석이 방원의 눈을 똑바로 쳐다보며 입을 열었다.

"벼슬을 하는 것이 목표라면 굳이 힘들게 공부를 할 필요가 있느냐? 방원이 너도 네 형들처럼 음서제[04]를 통해 관직을 받을 수 있지 않느냐? 그런데 왜 힘들게 과거를 보려는 것이냐?"

원천석이 카랑카랑한 목소리로 물었다.

순간 당황한 방원이 검은 눈동자를 이리저리 굴렸다.

"그것이……, 생각해보지 않아서 잘 모르겠습니다."

방원이 나직이 대답했다.

"사람은 목표가 있어야 발전이 있는 법이다. 또한 뜻을 세워야 꿈이 이루어지는 법이지. 무작정 앵무새처럼 책을 읽고 글을 읽히기 전에, 나는 어떤 사람이 되고 싶은지, 과거에 급제해서 벼슬자리에 오르면 어떤 관리가 되고 싶은지 먼저 생각해보아라."

스승의 한마디 한마디가 방원의 가슴속을 파고들었다.

스승이 가신 뒤 방원은 곰곰이 생각에 잠겼다. 생각해보니 그동안 방원에게는 뚜렷하고 구체적인 목표가 없었다.

---

04 5품 이상의 고위 관리나 나라에 큰 공을 세운 공신들의 자손에게 벼슬을 내리는 제도예요

소년의 꿈 , 태종 이방원

방원은 멍하니 앉아 책상 위에 있는 책들을 바라보았다.

몇 년 전 금동이가 했던 말이 거짓말처럼 떠올랐다.

"나중에 꼭 훌륭한 관리가 되어서 저같이 힘없는 백성들이 살기 좋은 나라를 만들어주세요."

금동이의 말이 귀에서 맴돌았다.

방원은 점점 더 혼란스러워졌다.

'나는 왜 공부를 하려고 하는 걸까?'

방원은 스승이 던진 질문을 되풀이하며 자신에게 물었다.

그날 오후, 함흥의 전장에서 잠시 집에 들른 이성계가 방원을 불렀다.

"아버지는 내일 함흥에 갈 것이다. 할아버지 산소에 들린 다음 친척들을 만나고 올 생각인데 혹시 고향에 전할 소식이라도 있느냐?"

때마침 스승이 던진 질문 때문에 머리가 아팠던 방원의 귀가 솔깃해졌다.

"아버지, 저도 같이 가면 안 될까요?"

"왜 갑자기 함흥에 가려는 것이냐?"

이성계가 수염을 만지며 물었다.

"고향에 가면 혼란스러운 제 마음을 정리할 수 있을 것 같아서요."

"마음이 혼란스럽다고? 혹시 새로 오신 스승님이 맘에 안 드는 것이냐?"

이성계가 걱정스러운 눈빛으로 방원을 바라보았다.

"아닙니다. 스승님은 학문도 뛰어날 뿐만 아니라 제게 여러 가지를 알려주시고 깨닫게 해주시는 고마운 분입니다."

"그런데 무엇이 혼란스럽다는 것이냐?"

"사실은 오늘 스승님께서 제게 어려운 질문을 하나 주셨습니다. 공부를 왜 하려고 하는지 여쭤보셨는데 제가 답을 하지 못했습니다. 저도 벌써 열두 살인데 아직 제가 진짜 하고 싶은 게 뭔지 잘 모르겠습니다."

방원이 나직하게 말했다.

"음, 그런 일이 있었구나! 너도 이제 인생의 목표를 정할 때가 되었지."

이성계가 이렇게 말하며 잠시 방원을 바라보았다.

"좋다! 그렇게 하자! 너도 이제 나라의 사정을 알 때가 되었지. 고향으로 가는 동안 네가 보고 들은 많은 것들이 네 인생의 목표를 정하는 데 도움이 될 것이다."

"감사합니다. 아버지!"

방원이 씩씩하게 대답했다.

다음날 새벽 일찍 이성계는 부하 몇 명과 방원을 데리고 함흥으로 향했다. 할아버지의 산소가 있는 함흥까지는 말을 타고 꼬박 5일을 달려야 도착할 수 있는 먼 거리였다.

그리고 방원은 얼마 가지 않아서 가슴 아픈 모습을 보게 되었다.

갓난아이를 등에 업은 여인이 길바닥에 쓰러져 있었다. 재빨리 이성계의 부하가 여인과 갓난아이를 살폈다. 갓난아이의 엄마는 이미 숨이 끊어졌고, 아이 역시 다 죽어가고 있었다.

"왜놈들 짓인 것 같습니다."

이성계의 부하가 말했다.

"왜구가 올라온 것 같구나! 마을로 가보자!"

이성계는 당장 주변의 마을로 달려갔다.

이성계의 예상대로 마을은 이미 쑥대밭이 되어 있었다. 칼에 맞아 목숨을 잃은 사람들이 군데군데 쓰러져 있었고, 몇몇 집이 불태워져 있었다. 이성계와 부하들은 칼을 빼 들고 마을을 샅샅이 뒤졌다. 하지만 이미 왜구들은 모습을 감춘 뒤였다.

"개경 가까운 곳까지 들어올 줄이야! 네 이놈들을!"

이성계가 주먹을 쥐고 울분에 찬 목소리로 중얼거렸다.

"아버지, 왜구들 짓인가요?"

"그런 것 같다. 정말이지 이 나라가 걱정이다. 왜구는 때와 장소를 가리지 않고 쳐들어와 닥치는 대로 백성들이 사는 집을 불태우고 있는데, 썩은 권문세족들은 가짜 문서까지 만들어 나라의 땅을 모두 차지하려고 하니, 원! 나라 꼴이 정말로 말이 아니구나!"

이성계가 한숨을 푹 쉬었다.

이성계 일행은 다시 길을 재촉했다.

방원은 가는 곳마다 마을을 살펴보았다. 눈에 보이는 것은 초가집과 움막집이 대부분이고 사람들의 살림살이도 모두 어려워 보였다.

이성계는 방원을 데리고 다니면서 여러 가지 이야기를 들려주었다.

"방원아, 지금 우리 고려는 몹시 혼란스럽단다. 밖으로는 왜구들이 괴롭히고, 안으로는 썩은 귀족들과 중들이 재산을 늘리느라 백성들을 괴롭히고 있거든. 넌 배고파서 굶어 죽는 게 뭔지 모르겠지만, 지금 고려의 가난한 백성들은 굶어 죽는 사람들이 많단다."

이성계가 담담하게 말했다.

방원의 가슴속 깊은 곳에서 뜨거운 무언가가 끓어올랐다.

"아버지, 왜 나라에서는 백성들을 굶어 죽게 내버려 두는 거에요? 백성이 있어야 나라가 있는 거 아닌가요?"

방원이 고개를 들어 이성계의 눈을 똑바로 보았다.

이성계가 잠시 당황한 표정을 지었다.

"음! 그건 배부른 귀족들이나 관리들이 가난한 백성들을 모른척하기 때문이겠지."

"결국은 썩은 귀족들과 관리들이 문제로군요."

방원의 대답에 이성계가 흡족한 웃음을 머금었다. 어린아이인 줄만 알았던 아들이 제법 어른스러운 말을 했기 때문이었다.

다음 날, 함흥에 도착한 방원은 할아버지의 산소에 들른 뒤 아버지와 함께 다시 집으로 향했다.

집으로 가는 길, 많은 것을 보고 느끼고 생각한 방원의 머릿속이 바빠졌다.

문득 스승의 질문이 떠올랐다. 스승의 질문은 방원의 마음속 깊은 곳에 숨겨져 있던 꿈과 야망을 끄집어 올렸다.

'스승님, 저는 과거시험에 응시한 뒤 관리가 되어 불쌍한 백성들과 나라를 위해 일을 하고 싶습니다.'

방원이 속으로 중얼거렸다.

며칠 후, 집으로 돌아온 방원은 몰라보게 달라져 있었다.

목표가 있는 사람은 방황하지 않는 법이었다. 방원은 흔들림 없이 글공부에 매진했다.

스승 원천석이 방원에게 무한한 지지와 응원을 보냈다. 아버지 이성계 역시 방원의 꿈이 이루어질 수 있도록 온갖 지원을 아끼지 않았다.

전쟁터의 두 얼굴, 공포와 희망

왜구가 승천부[05]까지 올라왔다는 소식이 들려왔다. 승천부는 개경에서 아주 가까운 거리였다.

개경 사람들은 너도나도 불안에 떨었다.

"왜놈들이 승천부를 습격해서 난리가 났대요."

"뭐라고요? 그럼 우리도 피난을 가야 하는 거 아니에요?"

"왜놈들은 다짜고짜 마을에 불을 지르고 사람을 마구 죽인

---

05 경기도 개풍의 고려 시대 지명

다고 하던데 걱정이에요."

사람들이 마구 술렁거렸다.

엎어지면 코 닿을 거리까지 왜구가 쳐들어왔다는 소리에 방원 역시 마음이 어수선해서 공부가 머릿속에 들어가지 않았다.

'나라가 있어야 백성이 있는 법! 내가 이렇게 편하게 글공부만 하고 있을 수는 없어!'

방원의 가슴 속에서 뜨거운 것이 울컥 치밀었다.

글공부를 하던 방원이 애꿎은 문을 발로 걷어찼다.

방원은 당장 이성계를 찾아갔다. 때마침 출정을 앞둔 이성계와 방원의 형들이 모여 있었다. 왜구를 소탕할 작전을 짜고 있었다.

"아버지, 저도 함께 가겠습니다."

방원의 갑작스러운 말에 아버지와 형들은 모두 어리둥절해하며 멀뚱멀뚱 방원을 쳐다봤다.

그때 방우가 화들짝 놀란 표정을 지으며 방원에게 다가왔다. 방우는 6형제의 맏이로 방원보다 13살이나 많은 형이었다.

"갑자기 그게 무슨 말이냐?"

"저도 전쟁터에 나가서 왜놈들을 무찌르고 싶어요. 왜놈들이 개경 근처까지 쳐들어왔다는데 어떻게 책만 보고 있어요?"

방원이 주먹을 불끈 쥐며 대답했다.

"방원아, 전쟁터에 나가 왜놈들을 무찌르는 일은 형들이 할 테니 넌 과거 공부나 열심히 해. 아버지가 너의 책 읽는 소리를 들으시며 얼마나 흐뭇해하시는지 아니?"

"지금 나라가 위태로운데 저더러 한가하게 책이나 보라는 겁니까? 공부는 왜놈들을 무찌르고 와서 해도 됩니다."

방원이 지지 않고 대꾸했다.

방우가 이성계 쪽으로 고개를 돌리고 아버지 눈치를 봤다.

"허허, 참!"

이성계는 뭐가 못마땅한지 미간을 잔뜩 찌푸리며 돌아앉았다.

그때 방간이 끼어들었다.

"큰형, 방원이 고집은 그렇게 해서 꺾을 수 없어요."

방간은 방원에게 대뜸 빈정거리며 말했다.

"방원이 넌 전쟁터가 전쟁놀이하는 곳인 줄 아니? 진짜 사람 목숨을 걸고 싸우는 곳이야!"

"그건 방간 말이 맞다!"

둘째 형 방과도 한마디 거들었다.

형들의 반응에 화가 난 방원이 맞받아쳤다.

"나도 알거든!"

"안다고? 그럼 잘못하면 목숨을 잃을 수 있는 곳이라는 것도 알겠네? 아버지가 너한테 거는 기대가 얼마나 큰데 그런 위험한 데를 나갈 생각을 하는 거야? 제정신이야?"

방간이 화난 목소리로 방원에게 쏘아붙였다.

"걱정 마! 나도 내 목숨 하나는 지킬 자신 있어. 그리고 형도 그랬잖아. 전쟁을 직접 경험해보니까 세상을 알겠다며! 나도 세상 돌아가는 사정을 알 나이가 됐어. 나라가 위태로운데 방구석에 앉아 책이나 읽고 있어야 되겠어? 나라가 있어야 나도 있는 건데!"

방원의 말에 둘째 형 방과가 나섰다.

"아무래도 아버지가 정리하셔야 할 것 같습니다. 아버지 생각은 어떠세요?"

방과의 말에 이성계가 고개를 돌려 방원을 바라보았다.

이성계의 표정은 뭐라고 말할 수 없이 복잡한 표정이었다.

"나도 방원이 네가 전쟁터에 가는 건 반대다!"

이성계가 딱 잘라 말했다.

"형들은 데리고 가면서 왜 저만 안 된다고 하십니까?"

"형들과 비교할 필요 없다! 네가 할 일은 전쟁터에 나가 공을 세우는 것이 아니라 글공부를 하는 것이야. 얼마 전에 아버지랑 약속한 거 잊었니?"

이성계의 설득에도 방원은 물러서지 않았다.

"나라가 있어야 공부도 할 수 있는 거 아닙니까? 왜구를 무찌르고 와서 그동안 못한 공부까지 더 열심히 하겠습니다. 아버지 소원대로 꼭 문관이 되어 우리 집안을 무관 집안이라고 무시하는 사람들의 코를 납작하게 만들겠습니다. 그러니 이번 한 번만 가게 해주세요."

방원의 호소에 결국 이성계가 마지못해 허락을 했다.

"알았다! 그렇게 하자. 전쟁을 직접 겪어 보는 것도 네 인생에 있어 좋은 경험이 될 수 있을 것 같구나. 대신 함부로 나서지 말고 형들과 함께 행동을 하도록 해라. 전쟁터는 작은 실수로 목숨을 잃을 수도 있는 곳이다."

"네. 알겠습니다."

방원이 가만히 미소 지었다.

드디어 그날이 왔다.

방원은 아버지를 따라 전쟁터로 향했고, 이성계가 이끄는 고려군은 왜구 섬멸 작전에 들어갔다.

전쟁터에 처음 뛰어든 방원의 얼굴은 긴장한 빛이 역력했다.

"용감한 고려의 병사들이여! 죽기를 각오하고 돌진하라!"

이성계가 선봉대에서 돌격 명령을 내리자, 고려의 병사들은 일제히 적을 향해 화살을 퍼부었다.

방원도 형들 옆에서 열심히 활을 쐈다. 그동안 무예 연습을 많이 해서 활쏘기와 검술이 많이 늘었지만, 사람을 쏘고 공격하는 기분은 썩 좋지 않았다.

내가 살기 위해 적군을 죽여야 하는 치열한 현장에서 방원은 두려움과 공포를 느꼈다.

방원은 정신을 차리고 왜구를 향해 활을 쏘았다. 긴장감에 가슴이 빨리 뛰고 겨드랑이에서는 식은땀이 줄줄 흘렀다.

고려군의 화살에 왜구가 픽 픽 쓰러졌다. 하지만 왜구 역시 만만치 않은 상대였다. 왜구들이 우르르 칼을 빼 들고 고려군을 향해 달려들었다. 순식간에 전쟁터는 아수라장이 되었다. 고려군과 왜구 사이에 맹렬한 싸움이 벌어졌다.

때마침 이성계가 적장을 활로 쏘아 맞혔다. 말에서 떨어진 적장은 곧 고려군에게 포위되었다. 놀란 왜구가 우왕좌왕하는 사이 고려군은 죽기를 각오하고 왜구에게 달려들었다. 그리고 단번에 결정적인 승기를 잡았다.

사기가 꺾인 왜구는 제 살길을 찾아 허둥지둥 도망을 가기 시작했다.

"한 놈도 놓치지 말라!"

이성계가 소리쳤다.

고려군이 왜구를 뒤쫓아 갔다. 많은 왜구들이 고려군의 손에 목숨을 잃었고, 겨우 살아남은 왜구 몇 명만 멀리 도망을 쳤다.

치열한 전투 끝에 마침내 고려군이 승리를 했다.

"와 와, 우리 고려가 이겼다!"

고려군이 환호를 하며 기뻐했다.

이성계는 승전[06]을 축하하는 잔치를 베풀었다.

전쟁의 희생자들을 뒤로하고 승리에 취해 즐거워하는 병사들을 보며 방원은 생각에 잠겼다.

'전쟁이 이런 것이라니! 도대체 누구를 위해 하는 전쟁일까?'

속이 갑자기 매스꺼워졌다.

이성계와 고려군은 승리의 깃발을 흔들며 집으로 돌아왔다.

"이성계 장군, 만세!"

"장군님, 감사합니다. 저희에게 희망을 주셨습니다."

백성들이 환호를 지르며 기뻐했다.

왜구를 크게 무찌른 이성계는 어느새 백성들의 영웅이 되어 있었다. 가는 곳마다 칭송을 받았고, 보는 사람마다 우러러 받들었다.

---

06 싸움에서 이김

전쟁터에 다녀온 이후 방원은 많은 생각을 했다.

방원이 경험한 전쟁은 그야말로 공포였다. 비 오듯 쏟아지는 화살을 피해 왜구와 싸워야 했고, 피로 붉게 물든 냇물을 보며 공포에 떨어야 했다.

그런데도 고려의 백성들은 전쟁에 희망을 걸고 있었다. 하지만 전쟁에서 승리를 해도 백성들의 고통은 쉽사리 끝나지 않았다.

'백성이 있어야 나라가 있고, 백성의 삶이 행복해야 살기 좋은 나라라고 했는데 왜 책에서 배운 것과 현실은 다를까? 과연 백성을 위하고 나라를 위하는 일이 뭘까? 고려의 미래를 위해 내가 할 수 있는 일이 뭐가 있을까?'

아무리 생각해도 답을 알 수가 없었다.

아버지가 꿈꾸는 세상은 어떤 걸까?

어느덧 따가운 여름 햇살이 누그러지고 선선한 바람이 불어왔다.

밤늦게까지 글공부를 하던 방원이 바람을 쐬러 밖으로 나왔다. 맑고 깨끗한 공기에 기분이 좋아진 방원은 툇마루에 걸터앉아 마당을 내려다보았다.

간밤에 내린 비에 시들어가던 풀과 나무들이 파릇파릇 생기를 되찾고, 장독대 위에 뽀얗게 앉아있던 흙먼지도 다 씻겨나가고 없었다. 세상이 깨끗해진 기분이었다.

방원은 일어나서 집 뒤편 후원으로 걸어갔다. 그때 방원의 눈에 물웅덩이가 보였다. 방원은 습관적으로 물웅덩이를 피해 지나갔다.

그런데 어제까지만 해도 썩은 냄새가 진동하던 물웅덩이였는데, 고약한 냄새가 나지 않았다. 밤새 내린 비에 물웅덩이에는 맑은 빗물이 채워져 있었기 때문이었다.

순간, 방원의 머릿속에 뭔가가 퍼뜩 떠올랐다.

'썩은 물은 치우면 되는 것을 그동안 나는 왜 피할 생각만 했을까? 바로 그거야! 썩은 물은 치워야 냄새가 나지 않는 법이지.'

방원이 눈을 질끈 감으며 중얼거렸다.

문득 아버지 생각이 났다. 이성계는 오랜만에 개경 집에 돌아와 있었다.

방원이 사랑방 쪽으로 발걸음을 옮겼다.

사랑방 창호지 문에 비친 이성계의 그림자를 보며 방원이 미소 지었다.

'아버지도 아직까지 주무시지 않고 계셨구나.'

반가운 마음에 아버지를 부르려던 방원은 순간 몸을 웅크렸다. 그림자 두 개가 빠른 걸음으로 사랑방 쪽으로 걸어오는 게 보였던 것이다.

방원의 머릿속이 바빠졌다.

'혹시 아버지를 해하려는 사람은 아니겠지?'

방원은 툇마루 아래로 몸을 숨겼다.

곧 불빛에 두 사람의 모습이 보였다. 한 명은 아버지의 호위무사였고, 다른 한 명은 선비 복장의 사내였다.

"장군, 손님이 오셨습니다."

호위무사의 말에 사랑방 문이 스르르 열렸다.

"들이게."

아버지가 담담하게 말했다.

방안으로 누군가 들어가자, 다시 문이 닫혔다.

호위무사는 곧 멀찌감치 떨어져 주변을 살폈다.

'아버지 손님이셨구나! 괜히 숨었잖아! 이제 와서 밖으로 나갈 수도 없고.'

방원은 이러지도 저러지도 못한 채 툇마루 밑에 고양이처럼 몸을 웅크리고 엎드린 채 가만히 있었다.

방안에서 소곤거리는 소리가 들려왔다.

요즈음 개경의 집에는 매일 이성계를 찾아오는 사람으로 붐

볐다.

 아버지는 손님이 오실 때마다 손님들에게 방원을 소개시켜 주었다. 덕분에 방원은 아버지의 손님들과 얼굴을 익히고 친해질 수 있었다. 하지만 자정이 넘은 시간 사람들 눈을 피해 찾아온 손님은 아직까지 한 명도 없었다.

 그때 흥분한 선비의 목소리가 들려왔다.

"장군, 결정을 하십시오. 더 늦기 전에 썩은 환부를 도려내야 합니다. 어린 왕은 나랏일은 제쳐두고 놀기 바쁘고 부정부패를 일삼는 무리들은 이때를 놓치지 않고 나라를 거덜 내고 있습니다. 언제까지 부패한 관리들을 두고만 보실 겁니까? 장군이 맘만 먹으면 그런 무리들은 당장이라도 쓸어버릴 수 있지 않겠습니까?"

"사실은 나도 요즘 생각이 많소! 내가 지금 하는 일이 정말로 백성을 위하는 것인지. 이 나라 고려를 위해 내가 할 수 있는 일이 과연 무엇인지 생각이 많소. 사실 백성을 지키기 위해 전쟁을 하지만 결국 전쟁의 가장 큰 피해자는 백성이 아니겠소? 그런데도 귀족들은 백성을 외면한 채 자기 잇속만 챙기느라 바쁘고."

이성계의 말이 채 끝나기 전에 선비가 말했다.

"장군! 고려는 썩은 나무입니다. 썩은 냄새가 진동하는데 언제까지 모른 척하실 겁니까? 썩은 나무는 뿌리째 도려내야 합니다."

"허허, 참! 누가 듣겠소! 목소리를 낮추시오!"

이성계가 난처한 듯 점잖은 목소리로 말했다. 그러자 곧 선비의 목소리가 작아졌다.

소곤거리는 소리에 정확한 내용은 들리지 않았지만, 젊은 선비는 이성계에게 고려의 왕인 우왕과 부패를 일삼는 관리들에 대한 여러 가지 불만을 이야기하는 것 같았다. 중간 중간 선비의 말이 들려왔다.

언뜻 선비가 '새 나라'라는 말을 하는 것 같았다. 순간, 방원의 가슴이 쿵쾅쿵쾅 마구 뛰면서 눈물이 나려고 했다.

'나라를 바꾸자는 말에 왜 이렇게 내 마음이 설레는 것일까?'

방원은 새로운 나라에 대한 기대감에 가슴이 뜨거워졌다.

그때 퍼뜩 얼마 전에 친구에게 들었던 말이 떠올랐다.

그날 친구는 무슨 일인지 화가 많이 나서 흥분한 상태였다.

친구가 침을 마구 튀기며 우왕에 관한 이야기를 들려주었다.

"우왕이 우리보다 겨우 2살 많은 거 알지? 우리는 과거시험을 보려고 쌍코피 터트리며 공부를 하고 있는데 우왕은 한가하게 사냥이나 하면서 펑펑 놀고 있고! 세상이 너무 불공평한 거 아냐?"

친구가 대놓고 불만을 터뜨렸다.

"글쎄 그걸 불공평하다고 말하면 안 되지. 우왕은 고려의 왕이잖아. 왕이랑 우리가 같을 수는 없지."

방원이 친구에게 이렇게 대답했다. 그러자 친구가 바로 맞받아쳤다.

"그렇지! 우왕은 고려의 왕이지. 하지만 왕이 뭐 하는 사람이야? 백성들을 보살펴야 할 사람 아니냐? 어떤 사람은 목숨을 걸고 전쟁터에 나가 싸우는데 우왕은 그 시간에 술 마시고 놀고만 있잖아. 어디 그뿐이야? 소문을 들으니 온갖 기이한 행동은 다 하고 다닌다던데. 솔직히 우리끼리 이야기지만 우왕이 왕이 된 건 공민왕의 아들이기 때문이잖아. 아마도 나나 네가 왕의 아들로 태어났으면 아마 우왕보다 훨씬 나라를 잘 다스렸을 거다."

친구가 울분을 토하며 이렇게 말했다.

"그만해! 누가 들으면 큰일 나겠다!"

방원이 말리자 친구는 그제야 겨우 흥분을 가라앉혔다.

그날 방원은 친구의 이야기를 들으며 아버지를 떠올렸었다.

아버지는 전쟁터에서 적군을 무찌르기 위해 고군분투하고 계실 텐데, 한 나라의 왕이라는 사람이 한가롭게 술을 마시고 놀기만 한다는 사실이 언뜻 이해가 되지 않았었다.

사실 우왕은 왕이 된 지 수년이 지났지만, 시중에는 아직도 우왕이 공민왕의 친아들이 아니라 신돈의 아들이라는 소문이 파다했다.

한참 동안 딴생각에 잠겨있던 방원이 방문 열리는 소리에 퍼뜩 정신을 차렸다.

곧 신발 끄는 소리가 들려왔다. 젊은 선비가 마당으로 내려왔다. 툇마루 아래 숨어 있던 방원이 몸을 납작하게 숙였다. 아버지에게 들키면 큰일이었다.

"손님을 안전하게 모셔다드려라."

이성계가 호위무사에게 말했다.

"네, 장군!"

무사가 젊은 선비를 모시고 대문을 나갔다.

이성계는 마당을 서성이더니 한참 동안 밤하늘을 올려다보았다. 그리고는 잠시 생각에 젖었다.

"썩은 나무를 도려내는 게 과연 맞을까?"

이성계가 가만히 중얼거렸다.

잠시 후, 이성계가 방으로 들어가고 방의 불이 완전히 꺼진

뒤에야 방원은 조용히 툇마루 밑에서 빠져나왔다.

방원은 조심스럽게 주변을 살피며 제 방으로 들어갔다.

'오늘 밤 아버지가 만난 선비는 도대체 누구일까? 그 선비는 왜 아버지에게 그런 말을 했던 것일까? 선비가 한 말이 만약 내가 생각하는 혁명을 뜻하는 것이라면 아버지의 생각도 같은 것일까? 과연 아버지가 꿈꾸는 세상은 어떤 걸까?'

그날 밤, 방원은 이 생각 저 생각을 하느라 뜬눈으로 밤을 지새웠다.

2년 후, 방원은 진사시에 통과해서 성균관에 입학하게 되었다. 성균관은 전국 방방곡곡의 수재들이 모인 고려 최고의 교육기관이었다. 그곳에서 방원은 차근차근 과거 준비를 했고, 다음 해에 17살(만15살)의 나이로 과거시험에 당당히 급제했다.

"제 아들이 과거에 급제했습니다. 감사합니다."

방원의 합격 소식을 들은 이성계는 대궐 뜰을 향해 절을 하며 뜨거운 눈물을 흘렸다.

새 나라로 가는 길

채 날이 밝지 않은 이른 새벽, 단잠에 빠져있는 방원을 급하게 찾는 목소리가 들렸다. 아버지인 이성계가 보낸 병사였다.

병사를 본 순간, 방원의 가슴이 철렁 내려앉았다.

'드디어 올 것이 왔군!'

얼마 전, 아버지 이성계는 옛 고구려의 영토인 요동을 되찾기 위해서 정벌군을 데리고 만주로 떠나셨다. 방원은 이때 아버지 이성계의 마음속에 고민이 가득하다는 것을 알았다. 이성계는 왕의 명령을 어기지 못해 출정을 했던 것이다.

"장군님이 보낸 서찰입니다."

병사가 전해준 서찰을 받아든 방원의 손이 덜덜 떨렸다.

"방원아, 어머니들을 안전한 곳으로 모셔라!"

낮고 단호한 목소리로 둘째형 방과가 방원에게 소리쳤다.

아버지의 속마음을 알고 있었던 방원은 순간적으로 아버지가 엄청난 결정을 했음을 눈치 챘다.

방원에게는 두 어머니가 있었다. 방원을 낳아준 어머니와 아버지의 둘째 부인인 강씨 부인이 있었다. 07 방원은 즉시 두 어머니와 가족들을 안전한 곳으로 피신시켰다.

한편, 압록강 하구에서 군대를 돌린 이성계는 바로 개경으로 돌아와 마침내 왕을 쫓아내고 권력을 잡았다. 그것이 바로 위화도 회군이었다.

이성계는 문제가 많은 고려의 정책들을 하나둘 고치기 시작했다. 방원은 이성계 곁에서 묵묵히 아버지를 도왔다.

모든 일이 일사천리로 진행되었다. 부패하고 무능한 고려의

---

07 고려 후기에는 일부다처제가 성행했다.

집권 세력에 분노했던 신진사대부[08]들이 이성계의 개혁정치를 적극적으로 도왔다. 하지만 얼마 안 가 신진사대부 사이에서 이성계를 반대하는 세력이 생겨났다. 바로 정몽주 세력이었다.

정몽주는 이성계와 뜻을 같이한 동지이자 오랜 친구였다. 하지만 둘의 생각은 전혀 달랐다. 이성계는 개혁을 위해 새 왕조를 세우고 싶어 했지만, 정몽주는 고려를 바꾸지 않고 그 안에서 개혁을 이루고 싶어 했다. 어제의 동지가 가장 위협적인 적이 된 것이다.

'고려는 끝났어! 어떻게든 새 나라를 세워야 한다!'

방원도 아버지 이성계와 같은 생각이었다.

방원의 이러한 생각에 정몽주는 새로운 나라를 건설하는 데 가장 큰 걸림돌이었다. 하지만 정몽주의 일은 방원이 섣불리 나설 수 없었다. 그래서 조마조마한 마음으로 조정의 일을 지켜보고 있었다.

드디어 운명의 시간이 점점 다가왔다.

1392년 3월, 이성계가 사냥을 하던 중 낙마하여 크게 다

---

08 원나라에서 들여온 성리학을 공부하고 과거를 통해 관직에 진출하여 개혁을 추진하던 세력

치는 일이 일어났다. 그러자 상황이 급박하게 돌아갔다. 정몽주가 김진양 등을 움직여, 이성계를 도와 새 왕조를 세우려던 정도전과 조준, 남은, 윤소종 등을 조정에서 모두 쫓아낸 것이었다.

이때 방원은 돌아가신 어머니의 장례절차이기도 했던 삼년상을 위해 묘 옆에 움막을 짓고 지내고 있었다.

'이대로 있다가는 아버지뿐만 아니라 우리 집안 전체가 풍비박산 날거야!'

방원은 더는 지켜만 보고 있을 수가 없었다. 그래서 마침내 결심을 했다. 새로운 나라 건설에 가장 큰 걸림돌인 정몽주를 없애기로 한 것이다.

방원은 자신의 판단을 믿고 한번 마음먹은 일은 거침없이 추진을 하는 성격이었다. 그날 밤, 결국 정몽주는 이방원의 부하에게 죽임을 당했다.

정몽주의 죽음을 안 이성계는 당장 방원을 불러들였다.

"네 이놈! 정몽주를 죽인 게 사실이냐?"

다짜고짜 이성계가 방원에게 소리쳤다.

스물한 해를 살아오는 동안 방원은 한 번도 아버지의 꾸중을 들은 적이 없었다. 그런데 지금 이성계는 방원을 노려보며 소리를 지르고 있었다.

생전 처음 보는 아버지의 화난 모습에 기가 죽을 법도 했지만, 방원은 당당하기만 했다.

"네! 제가 그랬습니다."

"왜 그랬느냐?"

이성계의 목소리가 쩌렁쩌렁 울렸다.

"아버지를 살리기 위해서 그랬습니다."

"허허! 정몽주는 내 가장 가까운 친구이다. 그런 친구를 네가 어찌 네 맘대로 죽일 수가 있느냐?"

"아버지! 정몽주는 아버지의 앞길을 막는 자일뿐입니다. 정몽주를 살려두면 아버지가 죽는데 그걸 자식인 제가 보고 있어

야만 합니까?"

"조금 늦더라도 설득을 했어야지. 정몽주와 나는 어려운 시절을 함께 보낸 친구이자 동지이다."

이성계가 답답한 듯 인상을 찡그리며 말했다.

"정몽주는 설득당할 사람이 아닙니다. 아버지도 정몽주가 뜻을 굽히지 않을 거라는 사실을 누구보다 잘 알고 계시지 않습니까?"

"시끄럽다! 그래도 이건 사람이 할 일이 아니야! 이번 일은 네가 크게 실수한 거야!"

노여움에 이성계의 얼굴빛이 붉으락푸르락해졌다.

"천만에요. 이번 일은 두고두고 잘한 일이 될 겁니다. 두고 보십시오."

"뭐라고? 네 놈 때문에 세상 사람들이 날 욕할 것이다. 너 때문에 내 꼴이 우습게 되었다고! 꼴도 보기 싫으니 썩 꺼져라!"

이성계가 버럭 고함을 쳤다.

잠시 당황한 표정을 짓던 방원이 작심한 듯 입을 열었다.

"아버지! 제 진심을 몰라주시다니 정말 섭섭합니다. 아버지가 뭐하고 하셔도 그 일은 제가 할 수 있는 최고의 결정이었습니다. 정몽주를 그냥 놔두면 내 아버지가 화를 당할 수도 있는데 어느 자식이 가만있겠습니까? 저는 절대 후회하지 않습니다. 다시 그 시간이 돌아와도 같은 결정을 할 것입니다. 제 아버지는 제 손으로 지켜드릴 거란 말입니다."

방원이 이렇게 말하며 자리를 박차고 나왔다.

방원의 두 눈에 눈물이 비 오듯 쏟아졌다.

아버지의 칭찬을 기대한 것은 아니었지만, 아버지가 그토록 불같이 화를 내며 자신을 원망할 거라는 생각은 해보지 않았다. 생각할수록 답답하고 속이 상했다.

"에잇!"

방원이 후원의 소나무를 향해 주먹을 연신 날렸다. 주먹이 얼얼하면서 아파왔다.

그때 둘째 형 방과가 다가와 방원의 손등에 맺힌 피를 닦아 주며 말했다.

"너무 속상해하지 마라! 아버지도 네 마음을 알고 계실 거야. 다만 지금 상황이 너를 무작정 두둔할 수는 없으실 거야."

방과의 말에 방원이 고개를 들어 형을 바라보았다.

"형, 난 후회 안 해! 지금 똑같은 상황이 벌어져도 같은 결정을 할 거야. 그 길만이 나를, 아니 우리 집안을 살리는 길이라고 나는 굳게 믿고 있거든."

방원의 말에 방과가 고개를 끄덕였다.

"그래! 그럼 됐어. 아버지는 뼛속까지 무인이셔! 당연히 정정당당하게 대결을 하고 싶으셨을 거야. 게다가 아버지에게는 수천 명의 사병이 있잖아. 최악의 상황은 상상도 못 하실 거다. 하지만 세상일이 만만하지는 않지. 천하의 이성계 장군이 말에서 떨어져 다칠 줄 누가 알았겠냐고. 어쨌든 네 덕분에 이제 조정에는 아버지와 맞설 사람은 없겠구나."

"형도 그렇게 생각하지? 그런데 아버지는 그렇게 생각을 안 하시는 거 같아. 정몽주가 뭐라고 나를 원망까지 하셨어. 그래서 솔직히 아버지에게 많이 섭섭해. 아버지한테 난 자식도 아닌 게 분명해."

방원의 투정에 방과가 미소를 지으며 입을 열었다.

"방원아, 너 그거 아니? 아버지는 늘 너를 우리 가문의 자랑이라고 말씀하셨어. 전쟁터에서 아버지와 함께 목숨 걸고 싸우는 건 우리들이었지만 아버지는 늘 너를 최고로 생각하셨다고. 언젠가 아버지가 그러시더라. 이런 어지러운 세상에 가장 중요한 것은 가족뿐이라고! 그러니까 우리 형제들은 한 몸이야. 방원아, 넌 예전이나 지금이나 늘 아버지에게 있어서 자랑스러운 아들이고 우리 형제들한테도 자랑스러운 동생이야. 그러니까 힘내!"

방과가 이렇게 말하며 방원의 어깨를 다독여주었다.

정몽주가 죽은 지 세 달 후, 마침내 이성계는 새 나라의 왕

태조가 되었다. 새 나라 조선이 세워진 것이다.

태조는 둘째 부인인 강씨를 현비(신덕왕후)로 삼고, 첫째 부인에게서 낳은 아들 여섯과 둘째 부인이 낳은 아들 둘을 모두 대군으로 봉했다.

방원은 즉위식을 하는 아버지를 보며 지나간 일들을 하나하나 떠올렸다. 그리고 새 나라 조선의 왕 태조가 된 아버지를 보며 가슴이 벅차올랐다.

불편한 진실

얼마 후, 세자책봉에 대한 소식이 방원에게 전해졌다. 정도전은 의안 대군인 방석을 세자로 세우고 싶어 했고 방원을 따르는 배극렴과 조준은 정안 대군인 방원을 세자로 세우고 싶어 했는데, 태조가 정도전의 말을 받아들여 의안 대군을 세자로 삼기로 했다는 것이었다.

소식을 들은 방원은 화가 머리끝까지 났다.

"세자 자리를 막내인 방석에게 주다니! 이건 말도 안 돼!"

방원이 길길이 날뛰었다.

태조 이성계에게는 8명의 왕자가 있었다. 방우, 방과, 방의, 방간, 방원, 방연은 첫째 부인인 신의왕후와의 사이에서 태어난 아들들이고, 방번, 방석은 왕비가 된 현비 강씨가 낳은 아들이었다.

이 8명의 왕자 중에서 조선을 건국하는데 가장 공이 컸던 아들은 바로 방원이었다. 그런데 자신을 제쳐 두고 방석을 세자로 삼으려는 분위기가 만들어지자 방원은 크게 분노했다.

"틀림없이 정도전과 현비 강씨가 꾸민 일이야! 이대로 두고 보지만은 않겠어!"

방원은 당장 궁궐로 들어가 아버지 태조를 만났다.

"엄연히 큰아들이 있고 큰아들이 싫다고 하면 둘째인 방과 형도 있지 않습니까? 그런데 왜 하필 막내를 세자로 삼는 겁니까?"

방원이 따지며 묻자 태조의 얼굴이 벌겋게 달아오르기 시작했다.

"고얀 녀석! 네 놈이 무슨 자격으로 그걸 따지는 것이냐! 세자는 왕인 내가 정하는 것이다!"

태조가 버럭 화를 내자 방원이 입을 다물었다.

불편한 진실

"건방진 녀석! 한 번만 더 주제넘게 나서면 가만두지 않을 것이다! 꼴도 보기 싫으니 당장 물러가거라!"

태조가 경고하듯이 소리쳤다.

이에 방원은 불만스러운 표정을 지으며 집으로 돌아갔다.

방원은 한동안 집안에만 틀어박혀 지냈다. 아버지가 조선의 왕이었지만 그 아들인 방원이 지금 할 수 있는 일은 아무것도 없었다. 그 사이 정도전의 권력은 나날이 세지고 있었고, 방원은 점점 정치에서 밀려나고 있었다.

'조선을 건국하는데 가장 많은 공을 세우고, 인질로 명나라까지 다녀온 나를 이렇게 밀어내다니 정말 속상해!'

방원은 절망했다. 하지만 곧 마음을 추스르고 현실을 받아들였다.

'그래! 지금, 이 순간은 힘들지만, 시간은 금세 지나갈 것이다!'

방원은 참고 견디면서 아버지인 태조가 자신을 알아주기만을 기다렸다. 그러면서 조용히 힘을 키워나갔다.

방원이 권력에서 비켜나 있었지만, 방원의 집에는 방원의 능력을 믿고 따르는 사람들이 하나둘 모여들었다.

얼마 뒤, 그동안 시름시름 앓던 현비 강씨가 세상을 떠났다.

그동안 조용히 때를 기다리고 있던 하윤이 방원을 찾아왔다. 하윤은 방원보다 20살이나 많았지만 방원을 진심으로 섬기면서 뜻을 같이하는 동지였다.

"대군, 세자가 왕위를 물려받기 전에 선수를 쳐야 합니다. 이 조선에 왕이 될 자격이 있는 사람은 대군밖에 없습니다."

하윤의 말은 방원의 마음속 깊은 곳에 숨어있던 야망을 꿈틀거리게 했다.

방원이 세자가 된다면 아버지 태조가 세상을 떠난 뒤 왕이 될 수 있을 것이다. 하지만 아직은 입 밖으로 함부로 꺼낼 수 없는 말이었다.

"허허! 너무 앞서가지 마시오!"

방원은 속마음을 숨기려 했지만 목소리는 그 어느 때보다 떨렸다.

방원은 생각에 잠겼다. 현비가 세상을 떠나고 없는 지금 정도전은 행여 방원이 왕위를 노릴까 봐 전전긍긍하고 있을 것이 분명했다. 어쩌면 남은[09]과 함께 방석을 하루빨리 왕위에 앉히

---

09 고려 말과 조선 초기의 문신(1354~1398). 위화도 회군 때 이성계에 동조하고 정도전 등과 함께 이성계를 추대했다. 제1차 왕자의 난 때 죽임을 당했다.

려 머리를 쓰고 있을지도 몰랐다.

'이대로 두면 방석이가 왕이 되겠지? 어찌 형인 내가 젖비린내 나는 어린 동생의 신하가 되어야 한단 말인가?'

하지만 방원이 할 수 있는 일이 없었다. 방원의 고민이 깊어졌다. 그런데 이번에는 이숙번이 방원을 찾아와 부추겼다.

"이 기회에 대군이 세자가 되어야 합니다. 제가 목숨 걸고 앞장서겠습니다. 명령만 내리십시오!"

왕위가 욕심난 것은 아니었지만 이숙번의 말에 방원의 눈빛이 흔들렸다. 하지만 방원은 지금은 자신이 나설 때가 아니라고 판단했다. 아버지 이성계가 버티고 있었기 때문이었다.

며칠 뒤, 전혀 예상하지 못한 일이 터졌다. 대궐에서 태조의 명령이 떨어진 것이다.

"명나라를 물리치기 위해 힘이 필요하니 사병을 모두 나라에 내놓도록 해라."

태조 이성계의 명이 방원과 형제들에게 전해졌다.

'이건 필시 정도전이 내 힘을 꺾으려는 것이야!'

방원은 즉시 이 모든 것이 정도전의 생각임을 눈치챘다.

정도전은 아버지 이성계가 가장 총애하는 신하이자 동지였다.

방원은 이성계를 도와 고려를 무너뜨리고 조선을 세우는데 자신이 가장 큰 역할을 했다고 믿고 있었지만, 아버지 이성계의 눈에는 정도전이 가장 큰 공을 세운 공신이었다. 정도전은 이런 아버지를 믿고 권력을 마구 휘두르고 있었다.

'공신에서도 나를 제외하더니 이제는 사병까지 내놓으라고? 절대 그럴 수는 없어!'

방원이 입술을 꽉 다문 채 생각에 잠겼다.

지나간 일들이 마치 어제 일처럼 생생하게 떠올랐다.

아버지 태조는 자신을 도와 조선을 세우는 데 힘을 모았던 사람들에게 '공신'이란 칭호를 내리고 벼슬과 땅을 나눠주었지만 '공신'의 모든 혜택에서 방원을 제외했었다.

'내가 어떻게 키운 사병인데!'

방원은 속이 부글부글 끓어올랐다.

'사병을 절대 내놓을 수 없어!'

방원의 형제들도 방원과 뜻을 같이했다.

방원은 형들과 힘을 합쳐 반대를 했지만 태조는 아들들의 의견을 깡그리 무시한 채 정도전의 주장에 힘을 실어 주었다.

'화가 나서 도저히 참을 수가 없군! 도대체 무슨 생각으로

나한테 이러는지 물어봐야겠어.'

방원은 정도전을 만나서 따지고 싶었다. 그래서 무작정 정도전의 집으로 향하는데, 운종가의 골목에서 때마침 퇴청[10]하던 정도전과 딱 마주쳤다.

"오랜만입니다. 대군의 집은 저쪽 골목인데 여긴 웬일이십니까? 설마 저를 만나러 오지는 않았겠지요?"

정도전이 뱀처럼 작은 눈을 반짝이며 방원을 이리저리 살폈다. 순간, 묘한 기분이 들었다.

정도전은 한때 방원이 삼촌이라 부르며 따르던 사람이었다. 그런데 왜 이렇게 서먹한 사이가 되었는지 답답하기만 했다.

'사람 속은 알 수 없는 것! 정도전에게 내 조급한 마음을 들킬 필요는 없지!'

방원은 어금니를 질끈 깨문 채 아무 말도 묻지 못했다.

"운동 삼아 동네를 한 바퀴 돌던 중이었소!"

방원이 얼버무리자, 정도전이 한쪽 입꼬리를 올린 채 미소를 지었다.

---

10 관청에서 근무 시간을 마치고 나옴

"하하, 부럽습니다. 운동 다닐 시간도 있으시고."

정도전이 비웃듯 말했다.

순간, 방원은 정도전의 뻥끗 거리는 주둥이를 콱 쥐어박고 싶은 충동을 느꼈다. 하지만 침을 꿀꺽 삼키며 참았다.

"그럼, 저는 바빠서 이만!"

정도전이 이렇게 말하며 먼저 돌아섰다.

"에잇!"

방원은 애꿎은 돌멩이를 발로 걷어찼다.

방원은 오래전부터 정도전의 생각을 훤히 읽고 있었다. 그는 왕권을 휘두를 수 있는 강한 왕보다 신하들을 존중할 수 있는 왕을 원했다. 그래서 아직 어린아이인 방석이 왕이 되기를 원했던 것이다. 하지만 방원은 달랐다. 방원은 가장 강한 왕권을 가진 왕이 나라를 잘 다스릴 수 있다고 봤다. 그래서 왕이 모든 권력을 가져야 된다고 생각했다. 이렇게 방원과 정도전은 생각하는 것이 완전히 달랐다. 그래서 어쩌면 두 사람은 본능적으로 상대를 껄끄러워하는지도 몰랐다.

'하늘의 태양은 하나여야 해! 하늘에 두 개의 태양이 있어서는 절대 안 돼!'

방원은 주먹을 불끈 쥐었다.

시간이 갈수록 방원과 정도전의 사이는 점점 더 틀어졌다. 그리고 둘의 신경전 또한 치열해졌다.

가장 강한 자가 살아남는다!

어스름한 새벽, 문풍지가 요란하게 펄럭였다.

차가운 바람 한 줄기가 방원의 얼굴을 스치고 지나갔다.

"우우 후후후~"

소름이 쫙 느껴질 정도로 기분 나쁜 웃음소리가 들려왔다.

놀란 방원이 눈을 번쩍 뜨자, 부엉이가 방원을 노려보고 있었다. 어릴 적 함흥 숲에서 만났던 부엉이와 똑같은 모습의 부엉이였다. 머리털이 곤두서는 것 같았다.

순간, 부엉이가 방원을 향해 달려들더니 방원의 얼굴을 마구 쪼았다. 방원이 팔을 마구 휘저으며 비명을 질렀다.

"정신을 차리십시오! 무슨 잠꼬대를 그렇게 하십니까?"

누군가 방원을 흔들어 깨웠다. 아내인 민씨 부인이었다.

"휴, 꿈이었구나."

방원은 식은땀을 닦으며 안도의 한숨을 쉬었다.

그날 늦은 오후, 태조가 병이 났다며 급하게 궁궐로 들어오라는 연락이 왔다. 태조는 나이가 들어서인지 요즘 들어 앓아눕는 날이 많았다.

방원은 곧바로 궁궐로 향했다. 근정전 서쪽 행랑에 이르니 왕실의 친척들과 왕자들이 먼저 와 있었다. 모두들 태조 임금의 병환을 염려하느라 걱정스러운 얼굴이었다.

잠시 후, 방원의 집에서 부리던 종 소근이 급하게 달려와 방원을 찾았다.

"대군마마! 마님께서 갑자기 복통으로 몸져누우셨습니다요."

소근의 말에 방원의 옆에 서 있던 의안군[11] 이화가 놀란 표정을 짓더니 황급히 몇 가지 약을 내주며 말했다.

---

11 태조의 배다른 동생. 제1차 왕자의 난과 제2차 왕자의 난에 이방원을 도왔다.

"빨리 집으로 가보시오."

방원은 궁궐을 나와 집으로 향했다. 그런데 집에 도착해보니 아프다는 부인이 멀쩡한 모습으로 방원을 맞았다.

방원이 인상을 쓰며 소근을 노려보았다.

"마님은 멀쩡하지 않느냐?"

방원의 말에 부인 민씨가 입을 열었다.

"화내지 마십시오. 제가 시킨 일입니다."

민씨 부인이 몹시 걱정스러운 표정으로 말했다.

"아버님이 위중하신데 왜 이런 거짓말을 한 것이오?"

방원이 퉁명스럽게 물었다.

"오늘이 바로 기사 일(뱀날) 아닙니까?"

"그게 무슨 말이오?"

방원이 어색한 표정을 지으며 민씨 부인을 힐끔 쳐다보았다.

"저를 속이실 생각 마십시오. 당신이 밤낮으로 무질을 부르시기에 제가 다 알아봤습니다."

민씨 부인의 말에 방원이 당황한 듯 눈을 깜박였다.

얼마 전, 방원은 정도전 등이 남은의 집에 자주 모인다는 소문을 들었다. 본능적으로 위험을 감지한 방원은 처남인 민무질과 몰래 의논을 했다.

　민무질은 첩자를 통해 정도전 일당의 움직임을 몰래 알아보게 했다. 그 결과, 기사 일에 여러 왕자들을 불러들인 뒤 숨겨놓은 병사들로 하여금 왕자들을 공격할 거라는 첩보를 입수했던 것이다. 하지만 방원은 크게 신경을 쓰지 않았다. 방원에게는 권력을 가진 측근들과 날쌔고 용맹스러운 사병들이 있었다. 설사 정도전이 자신을 공격해오더라도 충분히 이길 수 있다고 판단했던 것이다.

　방원이 조심스럽게 주위를 둘러보며 말했다.

　"제아무리 아버지의 신임이 두터워도 설마 임금의 건강을 핑계로 일을 꾸미겠소?"

　"꼭 가셔야 한다면 갑옷이라도 입고 가십시오."

　민씨 부인이 재빨리 갑옷을 가지고 나왔다.

　방원은 못이기는 척 관복 안에 갑옷을 입었다.

　"조심해서 나쁠 것은 없겠지. 걱정 하지 마시오."

　방원이 이렇게 말하며 처남인 민무구, 민무질 형제, 이숙번과 하윤 등을 불러 방원의 집 근처에 대기하게 했다. 그런 다음 종 소근과 함께 궁궐로 향했다.

이미 날이 많이 어두워져 있었다. 그런데 궁궐로 가는 길목의 모습이 평소와 많이 달라 보였다. 삼엄한 경계 속에 병사들이 이중삼중으로 배치되어 있는 것이 눈에 띄었다.

방원은 대궐로 들어가 서쪽 행랑으로 향했다.

"소근이 넌 행랑 뒤에서 말과 함께 나를 기다려라."

방원이 근엄한 표정으로 종 소근에게 명령을 내렸다.

저녁 7시 무렵, 태조가 계신 대전에서 기별이 왔다.

"임금께서 병이 위중하여 피방[12]을 하고자 하니 종친과 왕자님들은 어서 안으로 들어오되, 다른 이는 아무도 들이지 말라 하셨습니다."

내관의 말에 이화와 심종, 이제가 먼저 안으로 들어가고 밖에는 왕자들만 남았다. 이때 누군가가 중얼거렸다.

"날이 어두운데 왜 등불을 켜지 않는 거야?"

"그러게? 어두워서 그런지 오늘따라 궁 안이 으스스하네."

"그러고 보니 오늘은 다른 날이랑 뭔가가 다른 것 같군."

형들이 떠드는 소리를 들은 방원이 그제야 주변을 둘러보았

---

12 병을 피해 다른 곳으로 가는 것

다. 오늘 따라 등불이 하나도 켜있지 않았다. 심지어 대전으로 통하는 작은 문 앞에도 등불이 켜져 있지 않았다.

'흐음, 정말 수상하군! 이건 뭔가 꿍꿍이가 있어.'

방원은 망설이다가 배가 아프다는 핑계를 대며 뒷간으로 향했다.

'정도전 일당이 기어이 우리를 없애려 하는구나!'

방원의 몸이 부들부들 떨렸다. 두려움 때문이 아니라 분노 때문이었다.

방원은 현재 혼자 몸이었다. 무기도 없고 방원을 지켜줄 호위무사도 한 명도 없었다. 그야말로 독 안의 쥐 신세였다.

만약 정도전 일당이 궁 안에 있는 방원과 형제들을 공격한다면 꼼짝없이 당할 수밖에 없었다.

방원은 한시바삐 궁궐을 빠져나가기로 마음먹었다. 그래서 막 밖으로 나가려는데, 방의와 방간 형이 방원을 부르며 달려왔다.

"정안군! 정안군! 뭐 하느냐? 어서 대전에 들어가자!"

"형님들! 지금 대전에 들어갈 때가 아닙니다. 일단 저와 함께 궁궐을 나갑시다!"

"나가더라도 아버지를 뵙고 나가야지. 무슨 소리냐?"

방간이 살짝 눈살을 찌푸리면서 말했다.

"여기 있으면 우리 모두 죽습니다."

방원의 말에 방의와 방간은 너무 터무니없는 말이라 생각했는지 잠시 멍한 표정으로 서 있었다.

"죽다니! 누가 우릴 죽인단 말이냐?"

"누군 누구겠습니까? 정도전 일당이

지요! 방석이를 왕으로 만들려면 우리 형제를 모두 제거해야 하지 않겠습니까?"

방원의 말에 방의와 방간의 얼굴이 동시에 파르르 떨렸다.

말을 마친 방원이 행랑 뒤쪽으로 바삐 걸어가자 방의와 방간도 방원의 뒤를 따랐다.

방원은 형들과 함께 곧장 집으로 향했다. 방원의 집 안팎은 숨 막힐 듯한 긴장감이 맴돌았다.

곧 이숙번과 조영무, 이거이, 이백경, 문빈 등 방원을 따르는 사람들이 방원의 집으로 속속 모여들었다.

"정도전을 제거할 때가 온 것 같소!"

방원이 조용히 말했다.

"대군, 명령만 내리십시오."

이숙번과 하윤이 대답했다.

모두들 방원의 입만 바라보고 있던 바로 그때, 무기를 든 방원의 사병들이 우르르 안마당으로 들어섰다. 방원의 사병들이었다.

"대군! 어서 명령을 내리십시오!"

병사들의 외침에 갑자기 주위가 조용해졌다.

방원이 병사들 앞에서 큰 소리로 말했다.

방원의 눈빛은 분노로 이글거리고 있었지만, 목소리는 한없이 침착했다.

"이제 때가 왔다! 지금이 바로 아버님 곁에서 어리석은 말로 판단력을 흐리게 하는 정도전을 처단할 때이다! 한 치의 실수도 있어서는 안 된다. 한 번의 실수가 우리 앞날을 송두리째 앗아가 버릴 것이다! 오늘 밤 반드시 반역자를 처단해야 한다!"

방원이 분기탱천한 얼굴로 소리쳤다.

"대군! 명령을 받들겠습니다!"

사병들이 한목소리로 소리쳤다.

방원의 공격 명령이 떨어지자 사병들과 심복들이 일사불란하게 움직였다.

그날 밤, 방원의 작전은 대성공이었다.

방원의 세력은 정도전과 남은, 심효생 등의 목숨을 단번에 빼앗았다. 그런 다음 세자인 막내 동생 방석과 방석의 형인 방번, 경순 공주의 남편인 이제까지 죽이고 말았다.[13]

한바탕 거센 피바람이 몰아친 뒤, 하윤과 이숙번, 조준 등이 대궐로 들어갔다. 태조에게 상황을 아뢰기 위해서였다.

"전하, 역적 정도전과 남은을 처리하였사옵니다."

"그게 무슨 말이냐? 정도전이 역적이라니!"

태조가 고함을 질렀다.

"세자 방석과 정도전이 여러 왕자들을 해치려하였사옵니다."

"어디서 그런 말도 안 되는 소리를 지껄이는 게냐? 방원이 놈 짓인 걸 내가 모를 줄 알았더냐? 감히 내가 아끼던 정도전을 죽이고 어린 동생들까지 헤치다니, 가만두지 않겠다!"

태조가 불같이 화를 냈다. 하지만 태조는 아무것도 할 수 없었다. 자신은 늙어 병든 몸인 데다, 이미 대세가 방원의 손아귀

---

13 1차 왕자의 난

에 완전히 들어간 것을 눈치챘기 때문이었다.

방원은 1차 왕자의 난으로 권력을 완전히 손에 쥐게 되었다.

"이참에 대군께서 세자가 되셔야 합니다!"

하윤과 조준이 나서며 말했다.

세자는 다음 왕이 되는 자리였다. 그토록 원하던 왕의 자리가 바로 눈앞에 있었지만 방원은 고민에 빠졌다.

'내가 세자가 되면 사람들이 내가 왕의 자리가 탐나서 두 동생을 죽였다고 하겠지? 아무래도 둘째 형이 세자가 되는 게 낫겠어.'

방원은 아직은 때가 아니라고 판단했다.

"세자 자리는 아직 내 것이 아닙니다. 아버님이 허락을 하실 리도 없구요."

"그게 무슨 말씀입니까? 왕자님들 중에 세자가 될 자격은 대군밖에 없습니다. 아무리 전하시라도 그러시면 안 되지요. 전하가 임금이 될 수 있었던 것은 모두 대군의 덕 아닙니까."

조준이 불만스러운 듯 말했다.

하윤이 조준의 말에 동조하며 나섰다.

"그건 저도 같은 생각입니다. 대군, 저희들이 목숨 걸고 전하께 아뢰겠습니다. 지금 당장은 허락을 안 하시더라도 결국은 전하께서 정안대군을 세자로 삼으실 겁니다."

"허허! 아버지가 하자는 대로 하세요. 방과 형님은 왕의 자리를 탐하는 분이 결코 아닙니다. 그러니까 이번에는 방과 형님이 세자가 되어야 한다니까요."

방원이 답답한 듯 제 가슴을 몇 번 가볍게 쳤.

순간, 하윤이 눈을 반짝였다. 하윤이 방원의 마음을 읽은 것이었다.

"아하! 무슨 말씀인지 알겠습니다. 영안대군(이방과)이 세자가 되어야 우리 정안대군(이방원)에게 기회가 오겠군요."

하윤과 조준이 이렇게 말하며 당장 궁궐로 들어갔다.

며칠 후, 영의정 조준이 태조가 내린 교서[14]를 읽었다.

"세자 방석을 폐하고 형제의 순서에 따라 영안대군 방과를 세자로 책봉한다."

이렇게 해서 방원의 둘째 형인 방과가 세자가 되었다.

---

14 왕이 신하, 백성, 관청 등에 내리던 문서

그리고 얼마 후 태조는 왕이 된 지 7년 만에 왕위를 둘째 왕자인 방과에게 물려주었다. 방과가 정종 임금이 된 것이다.

정종은 왕의 자리에 욕심이 없는 사람이었다. 할 수 없이 왕이 되었지만 때가 되면 방원에게 왕위를 물려줄 생각을 했다.

사실, 정종이 조선의 왕이었지만 조정의 모든 권력은 방원에게 있었다. 방원을 도왔던 여러 대신이 모두 높은 벼슬을 차지하고 있었기 때문이었다.

빈 자루는 똑바로 설 수 없다!

하루는 방원에게 이상한 첩보가 들어왔다.

"요즘 회안대군(방간)의 집에 박포가 뻔질나게 드나든다고 합니다."

박포는 정도전 일당을 제거하던 당시 방원을 도와 공을 세웠던 자였다. 하지만 그 뒤 받은 벼슬이 맘에 안 들었던지 대놓고 불평불만을 얘기하고 다니다가 방원에게 밉보여 유배를 갔었다.

'박포 그놈이 우리 형제를 이간질하려는 게 틀림없군!'

방원은 은근히 신경이 쓰였다.

"박포를 잘 감시하고 수상한 낌새가 있으면 즉시 보고하도록 해라!"

방원이 첩자에게 은밀히 명령을 내렸다.

그리고 며칠 후, 다시 첩보가 들어왔다.

"방간이 이달 그믐날 거사를 하려고 한답니다."

방간과 박포의 계획을 들은 방원은 미리 대비를 했다.

그리고 얼마 후 왕의 자리를 놓고 방간과 방원 사이에 싸움이 벌어졌다. 그런데 방간은 방원의 상대가 되지 못했다. 결국 방간이 크게 지고 말았다.

부하들이 방간을 사로잡아 방원 앞으로 끌고 왔다.

방간을 본 방원이 화가 난 목소리로 소리쳐 물었다.

"형님! 왜 저를 죽이려 하신 겁니까?"

"네가 먼저 나를 죽이려 했잖아!"

방간이 퉁명스럽게 대답했다.

"제가 형님을 왜 죽입니까?"

"박포가 나한테 다 얘기했어. 네가 날 죽이려 한다고. 네가 내 동생이지만 그런 말을 듣고 내가 바보같이 가만히 앉아서

당할 것 같으냐?"

방간의 말에 방원이 어이가 없는지 소리를 빽 질렀다.

"형! 형은 동생인 내 말은 안 믿고 생판 남의 말을 더 믿는 거야?"

방원이 고래고래 소리를 지르자, 방간은 몹시 당황한 듯 방원에게서 조금 떨어졌다.

"내가 없어야 네가 다음 왕이 될 거 아냐? 둘째 형은 아들이 없으니 순서대로 하자면 내가 다음 왕이 되어야 하는데 네가 그걸 두고만 보겠어?"

"내가 두고 볼지 안 볼지 그걸 형이 어떻게 알아?"

"넌 2년 전에 동생들도 죽였잖아. 그런데 형이라고 못 죽이겠어? 네 앞길에 방해가 되면 누구든 죽이겠지."

방간이 이죽거리며 대답했다.

"방번이와 방석이 일은 나도 유감스럽게 생각해! 하지만 난 그때도 부하들에게 동생들 목숨은 살려주라고 했어. 예기치 않은 사고가 있어서 죽고 말았지만."

방원이 말하다 말고 한숨을 푹 쉬었다.

"쳇! 나더러 그 말을 믿으라고?"

방간이 아니꼽다는 듯 혼잣말을 했다.

"믿든 안 믿든 신경 안 써! 나만 아니면 되니까! 하늘에 맹세코 지금까지 난 한 번도 형을 죽이고 싶다는 생각을 해 본 적이 없어. 박포 그놈이 거짓말을 해서 형을 부추긴 거라고!"

방원이 화난 얼굴로 말했다.

"만약 내가 정말로 형을 죽일 생각이 있었다면 형은 벌써 죽었겠지. 지금까지 기회가 얼마나 많았는데!"

방원의 말에 방간이 한숨을 푹 쉬었다.

"그건 그래. 내가 바보다! 박포의 말을 믿다니."

방간이 고개를 푹 숙인 채 중얼거렸다.

두 사람 사이에 긴 침묵이 흘렀다.

잠시 후, 방원이 입을 열었다.

"형! 왜 우리가 이렇게 되었을까? 난 형제들 중에서 그래도 형을 가장 많이 의지했는데."

방원의 말에 방간의 눈빛이 심하게 흔들렸다.

"다 내 욕심 때문이야. 사실은 나도 너만큼이나 왕이 되고 싶었거든. 너만 없으면 내가 둘째 형의 뒤를 이어 왕이 될 수 있다고 믿었어. 머리로는 방원이 네가 왕이 될 그릇이라고 생각하면서도 이 가슴은 나도 한번 왕이 되고 싶다는 마음뿐이었어. 다 내 탓이다!"

방간이 제 가슴을 툭툭 치며 눈물을 흘렸다.

"미안해. 아버지도 우리 형제가 싸우는 걸 보고 싶지 않다고 나를 말리셨는데 내가 멈추지 못했어. 죽이든 살리든 네 맘대로 해라."

방간은 낙심한 듯 목소리에 힘이 없었다.

방간의 눈물을 본 방원이 부하들에게 형을 데려가라는 신호를 보냈다.

그날 밤, 방원은 어릴 적 함흥에서의 일을 떠올리며 깊은 생각에 잠겼다.

'이제는 내가 형을 지켜줄게.'

언젠가 방원은 방간과 손가락을 걸고 이런 약속을 했었다.

다음 날, 하윤을 비롯한 방원의 측근들이 방원을 찾아와 말했다.

"회안대군을 사형시켜야 합니다."

"한 어머니 밑에서 낳고 자란 내 친형을 어떻게 죽이라고 하는 것이오? 차마 내 친형을 죽일 수는 없소!"

방원이 답답한 듯 대꾸했다.

"방간은 군사를 일으켜 나라를 어지럽게 했습니다. 마땅히 사형시켜야 합니다."

하윤이 강하게 말했다.

방원은 방간 형만은 살리고 싶었다. 그래서 좋은 생각을 떠올렸다. 바로 현재 조선의 임금인 정종이 결정을 하도록 미루는 것이었다.

정종은 마음이 여리고 착했다. 그래서 방원은 정종 임금이 방간의 목숨을 살려줄 것이라 믿었다.

방원의 생각은 적중했다. 정종은 박포만 사형시키고 방간은 죽이지 말고 귀양을 보내라는 명령을 내렸다.

하윤 등은 정종의 명령이 마음에 들지 않았지만, 임금의 명령을 거역할 수는 없었다.

얼마 후, 정종이 방원을 궁궐로 불렀다.

"방원아, 아버지께 너를 왕세자로 책봉하고 싶다고 말씀드렸다. 곧 세자 책봉식이 있을 것이다."

정종의 얘기를 듣는 순간 방원은 가슴이 뜨거워졌다.

방원이 세자가 된다는 말은 정종의 뒤를 이어 왕위에 오를 수 있다는 말이었다. 방원은 뛸 듯이 기뻤다. 그런데 그때 정종이 다시 입을 열었다.

"방원아, 난 우리 형제 사이에 다시는 싸움이 일어나지 않았으면 좋겠다."

"그건 저도 같은 생각입니다."

방원이 고개를 끄덕였다.

"그래서 말인데 나는 회안대군을 귀양에서 풀어주려 한다."

정종의 말에 방원이 부르르 떨며 인상을 썼다.

"뭐라고요? 그건 안 됩니다!"

방원이 장작을 쪼개듯 단번에 반대를 했다.

"듣자 하니 방간이 고생이 심한 것 같더라."

"이번 기회에 고생을 좀 더 하게 놔두십시오. 회안대군이 다시 역적질을 하면 전하께서 책임지실 겁니까?"

"회안대군은 이미 반성하고 있을 것이다. 불같은 성미이기는 하지만 제 잘못은 금세 알고 뉘우치는 성격 아니냐. 이만하면 되었다고 생각한다. 그래서 나는 회안대군의 유배를 풀어주라는 교지를 내릴 생각이다."

정종이 부드러운 목소리로 말했다.

"어차피 전하 맘대로 하실 것을 저한테 왜 묻습니까?"

방원은 눈을 크게 뜨고 정종을 노려보았다.

방원의 날카로운 눈빛에 정종이 흠칫 놀라 입을 꾹 다물었다.

그날 이후, 정종이 대전에만 머문다는 소식이 방원에게 전해졌다.

그리고 얼마의 시간이 흐른 뒤 정종은 방원과 대신들을 불러 모았다.

"나는 왕위를 왕세자 방원에게 물려주겠소! 잠시 여러분들이 추대를 받아 왕이 되었지만 나는 왕의 자리가 어울리지 않는 사람이었소. 여러 대신들은 새 왕을 도와 조선을 부강하고 살기 좋은 나라로 만들어주시오."

"전하의 뜻을 받들겠사옵니다."

여러 대신들이 고개를 조아리며 소리쳤다.

방원은 까무러치게 놀랬다. 정종이 이렇게 빨리 왕위를 물려줄 것이라고는 생각지도 못했던 것이다.

이렇게 해서 방원은 세자에 책봉된 지 9개월 만에 왕위에 오르게 되었다.

아버지를 뛰어넘고 싶어!

모든 일에는 기다림이 필요했다. 그리고 그 기다림의 끝에서 마침내 그날이 왔다.

1400년 11월 13일 방원은 정종의 뒤를 이어 조선의 3대 임금이 되었다.

'비록 내가 흠이 많지만, 그 누구보다 나라를 잘 다스리는 임금이 될 거야.' 방원은 다짐했다. 하지만 방원에게는 아직 숙제가 남아있었다. 태조가 방원을 아직 왕으로 여기지 않았던 것이다.

태조는 얼마 전 옥새를 가지고 함흥으로 가버렸다.

방원은 아버지의 인정을 받는 임금이 되고 싶었다.

'내 마음을 전해 줄 사람을 아버지에게 보내야겠다.'

방원은 아버지의 마음을 돌리기 위해 함흥으로 차사를 보냈다. 하지만 그때마다 태조는 활을 쏘아 차사를 죽여 버렸다. 그러자 아무도 함흥으로 가려고 하지 않았다.

'나를 도와줄 사람이 어딘가에 있을 거야.'

방원은 포기하지 않고 태조를 설득할 사람을 찾았다.

'맞아! 무학 대사라면 아버님을 모셔올 수 있을 거야.'

방원은 당장 무학 대사를 찾아가 부탁을 했다.

며칠 후, 태조가 마음을 돌려 궁궐로 돌아온다는 소식이 방원에게 전해졌다.

'한시라도 빨리 아버지를 뵙고 싶다.'

방원은 당장 성 밖에 천막을 치고 태조를 기다렸다.

조금이라도 더 빨리 아버지를 보고 싶어 하는 방원의 눈동자가 바쁘게 움직였다.

문득 어릴 적 전쟁터에 나가신 아버지를 기다리던 일이 떠올랐다.

어느새 해가 저물면서 서쪽 하늘이 붉게 물들었다.

방원이 하늘을 올려다보았다.

붉은 노을빛에 물든 하얀 구름 위에서 아버지 이성계의 목소리가 들리는 것 같았다.

"방원아!"

"네, 아버지!"

"방원이 넌 우리 가문의 영광이다!"

방원이 17살, 과거에 합격했을 때 아버지 이성계가 방원에게 했던 말이었다.

어릴 적 아버지와의 추억이 새록새록 떠올랐다.

그때 내관 하나가 소리쳤다.

"상왕 전하께서 오십니다."

방원은 아버지를 보기 위해 앞으로 걸어 나갔다. 멀리 태조의 모습이 보였다. 순간, 방원의 가슴이 마구 뛰었다.

'아버지! 돌아와 주셔서 감사합니다. 다시는 실망하게 해드리지 않겠습니다. 아버지가 자랑스럽게 여기실 수 있도록 온 정성을 다해 조선을 다스리겠습니다. 그 어떤 나라보다 백성들이 살기 좋은 나라를 만들겠습니다. 믿어주십시오.'

방원의 눈에는 어느새 눈물 한줄기가 주르륵 흘러내렸다.

역사 속 사자성어

함흥차사 - 한번 가면 아무런 소식이 없네!

咸 興 差 使
다 함   일 흥   심부름꾼 차   사신 사

'함흥차사란 함홍으로 보낸 심부름꾼'이라는 뜻으로, 심부름을 하러 가서 오지 않거나 소식이 없을 때 쓰는 말이에요.

함흥차사는 원래 태종 이방원이 아버지인 태조 이성계의 화난 마음을 돌리려고 함흥으로 보낸 차사를 일컫는 말이에요.

이방원은 이성계가 조선을 건국할 때 가장 큰 공을 세웠어요. 하지만 이성계는 방원이 아닌 여덟째아들인 이방석을 세자로 삼았어요. 이에 불만을 가진 방원은 동생 방번과 방석, 그리고 정도전을 죽였어요(제1차 왕자의 난).

방원 왕의 자리가 탐나서 동생들을 죽였다는 소리를 듣지 않기 위해 둘째 형인 이방과(정종)를 왕위에 앉혔어요. 하지만 곧 넷째 형인 방간과 다투게 되었고, 이때 정종의 뒤를 이어 방원이 직접 왕위에 올랐어요(제2차 왕자의 난). 그러자 태조 이성계는 방원이 꼴도 보기 싫다며 고향인 함흥으로 가 버렸어요.

왕위에 오른 태종 이방원은 아버지를 궁으로 모시고 오기 위해 함흥으로 차사를 보냈어요. 하지만 함흥에 간 차사는 아무리 기다려도 돌아오지 않았어요. 이성계가 찾아온 함흥차사들을 죽이거나 혹은 잡아 가두어 한양으로 보내지 않았거든요.

이때 '함흥차사가 돌아오지 않는다.'는 말이 퍼지면서 한 번 간 사람이 돌아오지 않거나 소식이 없다는 뜻의 사자성어로 쓰이게 되었어요.

하지만 태종은 계속해서 함흥으로 차사를 보냈어요. 그리고 얼마 후, 계속 마음을 돌리지 않던 이성계는 무학 대사의 설득으로 마음을 돌려 궁궐로 돌아왔습니다.

재미 쏙쏙, 역사 속 숨은 사건 돋보기

위화도 회군 "당장 말을 돌려라! 개경으로 돌아간다."

 고려 말, 당시 중국에서는 주원장이 원나라 세력을 몰아내고 명나라를 세웠어요. 명나라는 처음에는 고려와 가깝게 지냈지만 얼마 지나지 않아 고려에 조공을 바치라고 하는 등 여러 가지 요구를 했어요. 시간이 갈수록 명의 요구는 심해졌고 우왕 때에 이르러서는 철령(현재 북한의 함경남도 안변 지방) 이북 지방의 땅을 돌려달라고 요구했어요. 철령 이북 지방은 공민왕이 이성계 부자의 도움으로 되찾은 고려의 땅이었어요. 명나라의 황당한 요구에 고려 조정이 한바탕 시끄러워졌어요. 이때 최영이 이성계에게 명이 차지하고 있는 요동지방이 원래 고려의 영토였다며 함께 요동 지방을 공격하자고 했어요. 하지만 이성계는 요동 지방을 공격하면 안 되는 이유 네 가지를 들며 반대를 했어요.
 첫째, 작은 나라인 고려가 큰 나라인 명나라의 뜻을 거스를 수 없다. 둘째, 농사가 바쁜 여름철에는 농사에 큰 피해를 주기 때문에 군사를 동원할 수 없다. 셋째, 명을 공격하는 동안 분명 왜구가 쳐들어 올 것이다. 넷째, 장마철이라 덥고 습해서 활이 약해지고, 전염병이 유행할 것이다. 하지만 최영과 생각이 같은 우왕이 이성계에게 공격 명령을 내렸지요.

1388년 5월, 군대를 이끌고 요동 지방으로 향했어요. 하지만 압록강의 위화도에서 군사들을 설득한 뒤 회군해 최영을 귀양 보내고 우왕을 폐위시킨 다음 권력을 잡았어요. 이 사건을 위화도 회군이라고 해요.

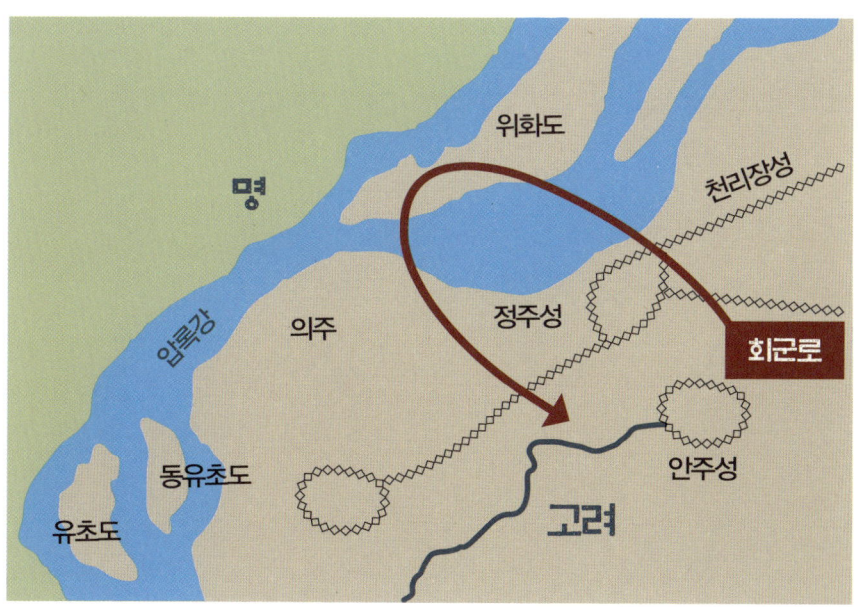

톡톡 논술! 내가 역사 속 인물이라면?

이방원 대(對 or VS) 정몽주

이방원과 정몽주는 고려를 개혁하는 데에는 의견이 같았지만 조선 건국을 두고 의견이 달랐어요. 정몽주는 충신은 두 임금을 섬기지 않는다며 고려의 왕실에서 새 왕이 나와야 한다고 생각했어요. 반면 이방원은 고려를 개혁하려면 새로운 인물이 새로운 나라를 세워 왕이 되어야 한다고 생각했지요.

고려 말, 여러분이 만약 고려의 백성이라면 누구의 의견이 맞다고 생각하나요? 그에 대한 자신의 생각을 써보세요.

나는 _____의 생각이 옳다고 생각한다.

왜냐하면 _____

_____

_____

_____

_____

소년의 꿈, 태종 이방원

태종 이방원은 아버지인 이성계를 도와 새 나라 조선을 건국하는데 많은 공을 세웠음에도 불구하고 정도전 등에 의해서 견제되었어요. 이에 불만을 품은 이방원은 왕자의 난을 일으켜 이복동생과 정도전 등을 제거한 뒤 결국은 왕위에 올랐지요. 여러분이 만약 이방원이라면 어떻게 했을 것 같나요? 자유롭게 자신의 의견을 이야기해 보세요.

1. 나는 이방원의 행동이 잘못되었다고 생각한다.
   그 이유는 _____
   _____
   _____

2. 나는 이방원의 결정과 판단에 공감한다.
   그 이유는 _____
   _____
   _____

톡톡 논술! 내가 역사 속 인물이라면?

1. 나는 누구일까요?

다음 역사 인물들이 하는 이야기를 잘 듣고 누구인지 그 이름을 적어보세요.

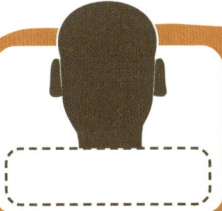

나는 요동 정벌을 반대했지만 왕의 명령을 거역할 수 없어 출동을 했지. 하지만 위화도라는 섬에서 군사를 돌려 개경으로 가서 권력을 잡았단다.

나는 이성계의 다섯 번째 아들이야. 아버지 이성계를 도와 조선을 세우는 데 가장 중요한 역할을 했는데, 그것은 바로 새 나라를 건국하는 것이었지.

나는 태조의 넷째 아들이야. 방원이와 나는 같은 어머니에게서 태어나 친하게 지냈지만, 박포의 농간으로 방원이를 공격했어. 그로인해 2차 왕자의 난이 일어나고 말았지.

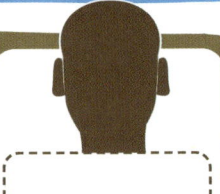

제1차 왕자의 난 이후에 난 조선의 왕이 되었지만 사람들은 나를 허수아비 왕이라 생각했어. 왜냐하면 사실 모든 권력이 내가 아닌 이방원에게 있었기 때문이었지.

소년의 꿈, 태종 이방원

2. 다음 설명에 맞는 사람을 찾아 선으로 이어보세요.

① 이성계에게 요동 정벌을 하라고 명령한 사람은 누구일까? ●　　　　　● 고려의 왕

② 부패한 고려를 개혁하고자 고려 말에 등장한 새로운 정치 세력은 누구일까? ●　　　　　● 이방석

③ 조선 최초의 세자가 되었지만 제1차 왕자의 난으로 목숨을 잃은 사람은 누구일까? ●　　　　　● 신진사대부

④ 공민왕 때 회복했던 철령 북쪽의 고려 땅을 돌려달라며 요구한 사람은 누구일까? ●　　　　　● 명나라의 왕

한국사 상식

1. 문장을 읽고 빈칸에 들어갈 낱말을 보기에서 골라 써보세요.

> 보기   태조   태종   이성계   이방원   이방과   정종

❶ 이방원은 1367년 ☐의 다섯째 아들로 태어났어요. 아버지를 도와 조선을 세우는 데 가장 중요한 역할을 한 이방원은 훗날 ☐이 되었어요.

❷ ☐은 이성계가 임금이 된 후 정안군에 봉해졌어요. 배다른 동생인 이방석이 세자로 책봉되자 1398년 제1차 왕자의 난을 일으켰어요.

❸ 제1차 왕자의 난이 일어난 후 이방원은 자신은 뒤로 빠지고 둘째 형인 ☐를 세자로 내세웠고 그가 바로 조선 제2대 왕인 ☐이에요.

2. 정종의 뒤를 이어 임금이 된 이방원은 다양한 정책을 펼쳤어요. 이방원이 펼친 정책이 맞으면 ○표 틀리면 ×하세요.

❶ 태종은 의정부를 설치하고 '6조 직계제'를 실시했어요. 6조 직계제는 6조의 판서들이 각자 맡은 일을 왕에게 직접 보고하는 제도예요. (   )

❷ 태종은 세금을 정확하게 물리기 위해 양전법과 호패법을 만들었어요. (   )

❸ 양전법은 농지를 조사한 뒤 실제 수확량을 파악할 수 있는 제도이고 호패법은 16세 이상의 모든 남자는 호패를 차고 다니도록 한 제도로 인구수를 조사하기 위한 제도예요. (   )

❹ 태종 이방원은 백성을 사랑하는 마음으로 우리글을 만드는 데 많은 노력을 기울였어요. 그리고 마침내 우리가 지금 쓰고 있는 한글을 만들었어요. (   )

조선 왕 계보

1392년에 건국한 조선은 1910년 일제에게 통치권을 넘길 때까지, 519년간 모두 27명의 왕이 승계하였어요.

- **1대** 태조 1392-1398 이성계, 조선의 제 1대왕
- **2대** 정종 1398-1400 1대 태조의 둘째 아들.
- **3대** 태종 1400-1418 1대 태조의 다섯째 아들.
- **4대** 세종 1418-1450 3대 태종의 셋째 아들.
- **5대** 문종 1450-1452 4대 세종의 맏아들.
- **6대** 단종 1452-1455 5대 문종의 아들.
- **7대** 세조 1455-1468 4대 세종의 둘째 아들(수양대군).
- **8대** 예종 1468-1469 7대 세조의 둘째 아들.
- **9대** 성종 1469-1494 7대 세조의 손자.
- **10대** 연산군 1494-1506 9대 성종의 맏아들이자 폐비 윤씨의 아들.
- **11대** 중종 1506-1544 제9대 성종의 둘째 아들이자 연산군의 이복동생.
- **12대** 인종 1544-1545 11대 중종의 맏아들.

- **13대** 명종 1545-1567 11대 중종의 둘째 아들.
- **14대** 선조 1567-1608 11대 중종의 손자.
- **15대** 광해군 1608-1623 14대 선조의 둘째 아들.
- **16대** 인조 1623-1649 14대 선조의 손자.
- **17대** 효종 1649-1659 16대 인조의 둘째 아들.
- **18대** 현종 1659-1674 17대 효종의 아들.
- **19대** 숙종 1674-1720 18대 현종의 아들.
- **20대** 경종 1720-1724 19대 숙종과 희빈 장씨의 아들.
- **21대** 영조 1724-1776 19대 숙종과 숙빈 최씨의 아들.
- **22대** 정조 1776-1800 21대 영조의 손자이자 사도세자의 아들.
- **23대** 순조 1800-1834 22대 정조의 둘째 아들.
- **24대** 헌종 1834-1849 23대 순조의 손자.
- **25대** 철종 1849-1863 22대 정조의 동생인 은언군의 손자.
- **26대** 고종 1863-1907 흥선대원군의 둘째 아들.
- **27대** 순종 1907-1910 26대 고종의 둘째 아들. 조선의 마지막 국왕.

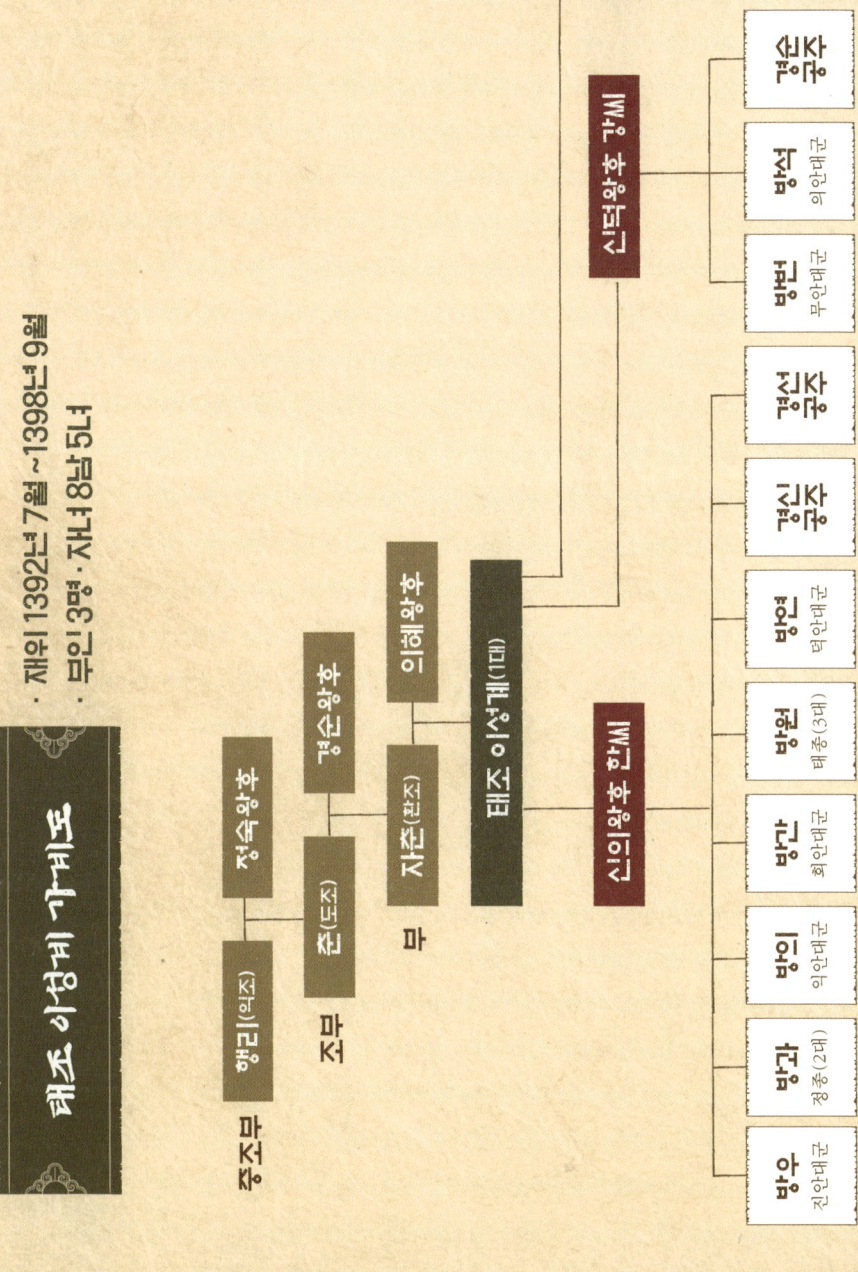

정답

톡톡 논술! 내가 역사 속 인물이라면? (152p)

1. 이성계(태조), 이방원(태종), 이방간, 이방과(정종)
2. ❶ - 고려의 왕 ❷ - 신진사대부 ❸ - 이방석 ❹ - 명나라의 왕

톡톡 논술! 내가 역사 속 인물이라면? (154p)

1. ❶이성계, 태종 ❷이방원 ❸이방과, 정종
2. ❶○ ❷○ ❸○ ❹×